改訂版

5時間で合格!

漢検 [超頻出] ドリル 2級

岡野秀夫 著

高橋書店

5時間で合格! 漢検2級［超頻出］ドリル 改訂版

もくじ

編集協力 文研ユニオン
シーティーイー
鷗来堂

と使い方

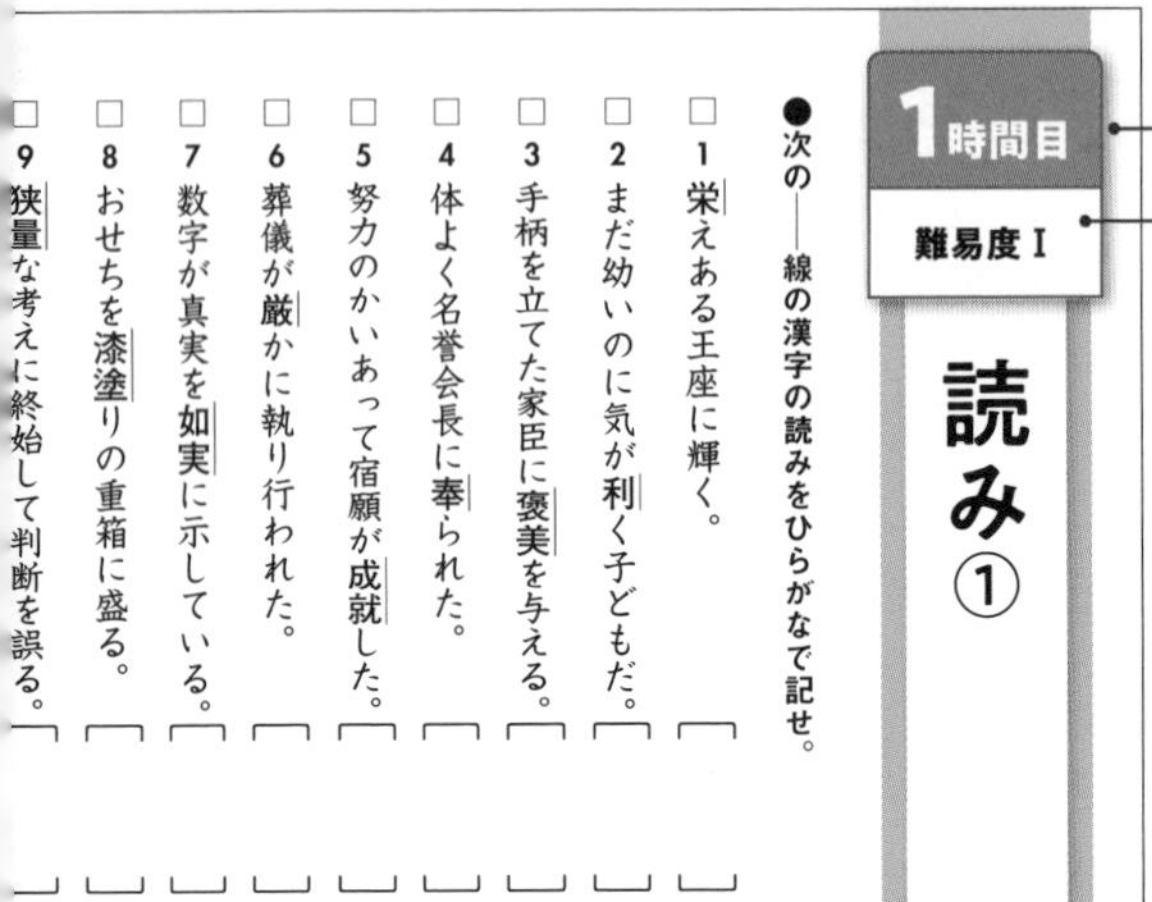

最短5時間で合格できる、最も効率的な学習法！ 1

1～5時間の授業形式。自分のレベルを意識しながら、短期集中での合格が可能です。

難易度順に進める！ 2

1125万件の学習データとバランスを考慮して、難易度Ⅰ～Ⅳのレベルに分類されています。

自分の弱点を知って効率よく勉強できる！ 3

20ページの「弱点発見シート」で自分の苦手な分野がわかります。苦手な分野を優先して勉強することで、短時間で効率よく合格に近づけます。

見開き10分以内で解ける！ 4

一問一答式、赤チェックシート対応。飽きずに適度なスピード感で学習できます。

	得点	基準点	基準点との差	学習優先度
1 読み	22/30	24	-2	□A ☑B □C
2 部首	9/10	8	+1	□A ☑B □C
3 熟語の構成	11/20	16	-5	☑A □B □C
4 四字熟語	14/30	24	-10	☑A □B □C

本書の特長

書き込んでも、チェックシートでも！ 6

「答えをしっかり書きたい人」「書くのは面倒なので赤シートで答えを隠しながら学習したい人」のどちらにも対応。また、解答部分を折って隠しても使えます！

19 温暖な地で野菜の種苗を育てる。
20 軽く会釈してから部屋に入る。
21 あちこち奔走して後援者を募った。
22 大企業の不祥事が世間に露呈した。
23 言葉が足りず侮辱と受け取られた。
24 長男が生まれ、家系は安泰だ。
25 役者になって幾星霜を重ねた。

26 手術で病巣を完全に切除した。
27 選挙演説の聴衆で人垣ができる。
28 人気商品の在庫が払底する。
29 屋敷の周りに高い塀を設ける。
30 利害関係が複雑に絡み合う。
31 戦死者を葬る塚を築いた。
32 社の命運が新社長の双肩にかかる。

標準解答

1 は
2 き
3 ほうび
4 たてまつ
5 じょうじゅ
6 おごそ
7 にょじつ
8 うるしぬ
9 きょうりょう
10 しっぺい
11 けんしょう
12 ちょうか
13 ぼくめつ
14 こうでい
15 かて
16 こんがん
17 せんさい
18 せんりゅう
19 しゅびょう
20 えしゃく
21 ほんそう
22 ろてい
23 ぶじょく
24 あんたい
25 せいそう
26 びょうそう
27 ひとがき
28 ふってい
29 へい
30 から
31 つか
32 そうけん

9 **狭量**《きょうりょう》→人を受け入れる心が狭いこと。
12 **釣果**《ちょうか》→魚釣りの成果。
13 **撲滅**《ぼくめつ》→完全になくしてしまうこと。
14 **拘泥**《こうでい》→必要以上にこだわること。
21 **奔走**《ほんそう》→物事の実現に向けて走り回って努力すること。
24 **安泰**《あんたい》→無事で安らかな様子。
25 **幾星霜**《いくせいそう》**を重**《かさ》**ねる**→何年も経つこと。
28 **払底**《ふってい》→物が非常に少なくなること。

23　点線で折り、解答を隠しても使えます！

合格に必要な“頻出”漢字を厳選！ 5

過去10年分の試験を徹底分析し、頻出している約2500問を厳選して収録!!熟語の意味の解説も充実。

巻末スピードチェックも充実！ 7

巻末には「補習授業」を収録。さらに合格を確実なものにしたい人のための「ダメ押し問題」と、試験直前に使える「[出る順]ランキング」「新出配当漢字対策」の3部構成です。

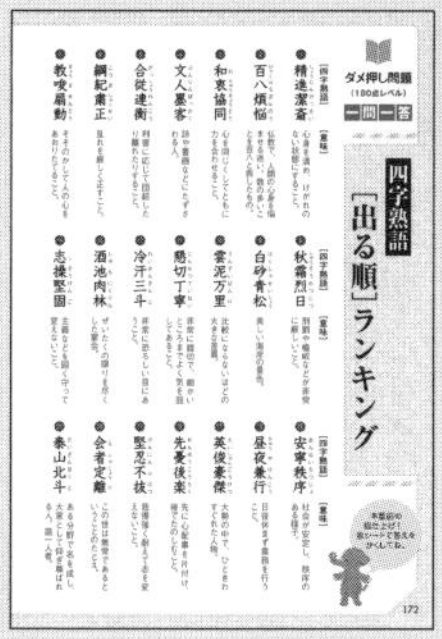

漢字検定の受検ガイド

出題内容

内容＼級	読み	書き取り	部首	送りがな	対義語・類義語	同音・同訓異字	誤字訂正	四字熟語	熟語の構成
2級	対象漢字数：2136字（すべての常用漢字）								
準2級	対象漢字数：1951字（常用漢字）								
3級	対象漢字数：1623字（常用漢字）								

おもな申し込み方法

① インターネット

協会のホームページ(https://www.kanken.or.jp/)から申し込むことができます。クレジットカード決済、コンビニ決済などが可能です。

② 書店

取扱書店で検定料を支払い、願書と書店払込証書を協会へ郵送します。

③ コンビニエンスストア

コンビニエンスストアにある端末機で申し込み、レジで検定料を支払います。ローソンの「Loppi」、ミニストップの「MINISTOP Loppi」、セブン-イレブンの「マルチコピー」、ファミリーマートの「Famiポート」などが対応しています。

実施要項は変更される場合もあります。ホームページなどで必ず確認しよう！

実施要項

1 受検資格

希望者はだれでも受検することができます。志願者が一定以上まとまる場合は、団体申し込みが可能です。

2 受検申し込み期間

- 受付期間内（検定の約3か月前〜1か月前まで）に協会に届くようにします。
- 申し込み後の受検希望級の変更や受検会場の変更、受検料の返金はできません。

3 検定実施時期

原則として年3回実施されます。

- 第1回　6月中の日曜日
- 第2回　10月中の日曜日
- 第3回　翌年の1月もしくは2月中の日曜日

※漢検CBTは、検定日に限らず実施されています。

4 検定実施会場

全国主要都市で行われています。実施地区は検定の回ごとに決定されます。

5 検定時間

60分

※検定時間が異なれば、2つ以上の級を受検することができます。

6 検定当日の注意事項

- 持参するもの…受検票、鉛筆（HB、B、2Bの鉛筆またはシャープペンシル）、消しゴム。ボールペン、万年筆は使用不可。
- 当日は、開始15分前には会場に入場する。

7 合格基準

- 2級……200点満点のおよそ80％（160点前後）
- 準2級…200点満点のおよそ70％（140点前後）
- 3級……200点満点のおよそ70％（140点前後）

8 合否通知

検定日の約40日後に、合格者には合格証書と合格証明書、受検者全員に検定結果通知が郵送されます。

▼試験についての問い合わせ先

公益財団法人 日本漢字能力検定協会
〒605-0074 京都市東山区祇園町南側551番地
ホームページ https://www.kanken.or.jp/
フリーダイヤル 0120-509-315（無料）

※実施要項、申し込み方法などは変わる場合があります。
※出題分野・内容等は変わる場合があります。
※実際に出題された内容は『漢検 過去問題集』（公益財団法人 日本漢字能力検定協会発行）を参照ください。
※本書記載の内容は制作時点のものです。受検される際は、必ずご自身で公益財団法人 日本漢字能力検定協会の発表する最新情報をご確認ください。

出題傾向と学習のポイント

ジャンル	配点	出題内容と傾向	学習のポイント
読み	30点 （1点×30問）	●2級・準2級新出配当漢字からの出題が7～8割を占める ●平易な漢字でも、その読みを高校で習うものが出題されることも多い	●2級・準2級新出配当漢字や高校で習う熟字訓、当て字は確実にマスターしよう
部首	10点 （1点×10問）	●2級・準2級新出配当漢字からの出題が多い ●3級以下の漢字でも、部首のわかりにくいもの（「愛」や「以」など）はよく出題される	●漢字そのものは易しくても、部首がわかりにくい漢字はまとめて覚えておこう ●部首名は問われないが、部首名とセットで覚えると暗記しやすくなる
熟語の構成	20点 （2点×10問）	●二字熟語の上下の漢字の結びつきを選択肢の中から選ぶ問題 ●二字熟語の意味の理解度が問われる	●二字熟語の意味や、漢字一字の意味も覚えておこう ●熟語を、出題される5パターンに分類するくせをつけよう
四字熟語	30点 （2点×15問）	●問1は四字熟語のうちの二字をひらがなの選択肢から選び、漢字に直す問題 ●問2は、短文の意味に合うものを、問1の四字熟語から選ぶ問題	●四字熟語のうちの二字を書く問題が出題されるが、四字すべてを書けるようにしておこう ●意味も出題されるので、四字熟語の書き取りと連動して意味を覚えることが大切

対義語・類義語	20点 （2点×10問）	●ひらがなの選択肢から、対応する語を選んで漢字に直す ●対義語5問、類義語5問が出題される	●練習問題を解きながら、熟語の意味も覚えておこう ●対義語・類義語はひとつとは限らないので、漢字そのものの意味を確認しておくことも役立つ
同音・同訓異字	20点 （2点×10問）	●漢字二字を書く同音異字の問題と、一字を書く同訓異字の問題が出題される ●高校で読みを習う漢字も出題される	●問題文の意味を的確に理解することが大切 ●同音・同訓異字には、字形が似ているものがあるので、わからないときは字形をヒントにしてみるのもよい
誤字訂正	10点 （2点×5問）	●短文中の誤字を正しい漢字に直す問題。音読み、訓読みとも出題される ●問題文は45～50字で構成されているものが出題される	●「誤字訂正」は、同音・同訓異字の漢字の誤りを見つけて正すということを覚えておこう ●何気なく短文を読んだだけでは誤りを見逃しやすいので、文中の漢字一字一字をチェックしよう
送りがな	10点 （2点×5問）	●短文中のカタカナを漢字一字と送りがなに直す問題 ●2級・準2級新出配当漢字からの出題が中心になる	●語幹の長い漢字（「陥れる」など）や複数の読みがある漢字をチェックしよう
書き取り	50点 （2点×25問）	●すべての常用漢字（2136字）から出題される ●漢字二字（または三字）を書く問題と一字を書く問題がある。熟語の場合、一字でも間違っていれば正解にはならない	●字形の似ている漢字（「徹と撤」など）はしっかり区別して書けるようにしておこう ●出題部分だけでなく、問題文全体の意味をつかむことも正解につながる ●配点が最も高い分野なので、しっかり得点できるように準備しておこう

弱点発見テスト

まず、弱点発見テストを解いてみよう。各分野の得点を分野ごとに書き込み、20ページで自分の弱点を分析！

総合点　／200

※実際の試験形式と異なる場合があります。実力チェック用としてお使いください。

1 読み

次の——線の漢字の読みをひらがなで記せ。

各1点×30　／30

□ 1 強肩を生かして外野を守った。〔　〕
□ 2 奔流となって、大地を流れる。〔　〕
□ 3 毎日勉強することで学力を培う。〔　〕
□ 4 車のタイヤが摩滅する。〔　〕
□ 5 彼は子煩悩な父親だ。〔　〕
□ 6 全国を行脚しながら俳句をよむ。〔　〕
□ 7 騎馬隊が粛々と進んでいく。〔　〕
□ 8 鳴門海峡は渦潮の流れで有名だ。〔　〕

□ 9 公園で幼子と戯れる。〔　〕
□ 10 季節の花で玄関を彩る。〔　〕
□ 11 療養中であるのに元気を装う。〔　〕
□ 12 特定の鳥が営巣する国立公園だ。〔　〕
□ 13 広狭差がある道路を横断する。〔　〕
□ 14 父は二十代で会社を興した。〔　〕
□ 15 先代が尽力して会社の礎を築いた。〔　〕
□ 16 三国志に通暁している作家だ。〔　〕

□ 17 **殊勲**賞の授与式に出席する。〔　　〕

□ 18 東西の両雄が**覇**を競った。〔　　〕

□ 19 沖に**浦風**を受けたヨットが走る。〔　　〕

□ 20 郵送で戸籍**抄本**を取り寄せた。〔　　〕

□ 21 **激甚**な被害を実際に目にする。〔　　〕

□ 22 **汗顔**の至りである。〔　　〕

□ 23 事故の**収拾**が一向につかない。〔　　〕

□ 24 後援会の資金集めに**狂奔**する。〔　　〕

□ 25 友人を代表して**弔辞**を述べる。〔　　〕

□ 26 **崇高**な理念に感銘を受けた。〔　　〕

□ 27 数年前から**備忘録**をつけている。〔　　〕

□ 28 仕事の**傍**ら地域活動に参加する。〔　　〕

□ 29 水鉄砲の**筒先**から水が出る。〔　　〕

□ 30 高原の**清澄**な空気がすがすがしい。〔　　〕

2 部首

次の漢字の部首を記せ。

各1点×10　／10

〈例〉菜〔艹〕　間〔門〕

□ 1 帥〔　　〕

□ 2 呉〔　　〕

□ 3 妥〔　　〕

□ 4 幾〔　　〕

□ 5 凡〔　　〕

□ 6 雇〔　　〕

□ 7 軟〔　　〕

□ 8 累〔　　〕

□ 9 乏〔　　〕

□ 10 甲〔　　〕

3 熟語の構成

熟語の構成には、次のようなものがある。

ア 同じような意味の字を重ねたもの （例 岩石）
イ 反対または対応の意味を表す字を重ねたもの （例 高低）
ウ 上の字が下の字を修飾しているもの （例 洋画）
エ 下の字が上の字の目的語・補語になっているもの （例 着席）
オ 上の字が下の字の意味を打ち消しているもの （例 非常）

次の熟語は上のア～オのどれにあたるか、一つ選んで記号を記せ。

各2点×10 ／20

□ 1 銃弾 〔　　〕
□ 2 把握 〔　　〕
□ 3 返戻 〔　　〕
□ 4 慶弔 〔　　〕
□ 5 併記 〔　　〕
□ 6 頒価 〔　　〕
□ 7 克己 〔　　〕
□ 8 憂愁 〔　　〕
□ 9 巧拙 〔　　〕
□ 10 無窮 〔　　〕

4－① 四字熟語

次の四字熟語の［　］に入る適切な語を、下の□の中から選び、漢字二字で記せ。

各2点×10　／20

□ 1 月下［ア　］

□ 2 ［イ　］短小

□ 3 綱紀［ウ　］

□ 4 ［エ　］落日

□ 5 ［オ　］一刻

□ 6 ［カ　］転変

□ 7 ［キ　］存亡

□ 8 ［ク　］連理

□ 9 優勝［ケ　］

□ 10 気炎［コ　］

うい	ききゅう	けいはく	こじょう	しゅくせい	しゅんしょう	ばんじょう	ひょうじん	ひよく	れっぱい

4－② 四字熟語

次の11～15の意味にあてはまるものを、上の4－①のア～コの四字熟語から一つ選び、記号を記せ。

各2点×5　／10

□ 11 男女が仲むつまじいさま。［　］

□ 12 かつての勢いを失い、心細い様子。［　］

□ 13 生き残りをかけた瀬戸際のこと。［　］

□ 14 強者が栄え、弱者が滅びること。［　］

□ 15 乱れを厳しく正すこと。［　］

5 対義語・類義語

次の［　］の中の語を一度だけ使って漢字に直し、対義語・類義語を記せ。

各2点×10　／20

対義語

□ 1 愛好［　　］

□ 2 真実［　　］

□ 3 一見［　　］

□ 4 剛健［　　］

□ 5 自生［　　］

類義語

□ 6 監禁［　　］

□ 7 突飛［　　］

□ 8 留意［　　］

□ 9 興廃［　　］

□ 10 一般［　　］

きばつ・きょぎ・けんお・さいばい・じゅくし・せいすい・にゅうじゃく・はいりょ・ふへん・ゆうへい

6 同音・同訓異字

次の——線のカタカナを漢字に直せ。

各2点×10　／20

□ 1 彼女は前髪をサワる癖がある。［　　］

□ 2 彼の話し方がいちいち気にサワる。［　　］

□ 3 今夜はカゲンの月が昇っている。［　　］

□ 4 湯カゲンをみて一番ぶろに入る。［　　］

□ 5 カが入らないよう網戸を閉める。［　　］

□ 6 花のカに誘われて皆が集まった。［　　］

□ 7 失敗の責任を他人にテンカする。［　　］

□ 8 テンカ物を含まない自然食品だ。［　　］

□ 9 コショウにすむ生物の調査をする。［　　］

□ 10 車がコショウして援助を求めた。［　　］

7 誤字訂正

次の各文に間違って使われている同じ音訓の漢字が一字ある。上に誤字を、下に正しい漢字を記せ。

各2点×5

／10

□ **1** 内臓脂肪型の肥満になると、糖尿病や高血圧、動脈硬化などの合閉症を誘発する危険性が高くなる。

［　↓　］

□ **2** 近年では日本に持ち込まれる密輸拳銃の量が飛躍的に増加し、今年警察が応収した数は昨年の二倍を超える。

［　↓　］

□ **3** 村人は昔から森林を維持して管理し、定期的に抜採して薪炭を得てきたが、人手不足で荒れ放題の里山が増えている。

［　↓　］

□ **4** 台風の勢力が衰え、弱い熱帯低気圧に変わったが、依然日本列島付近に停息し、各地に大雨を降らせている。

［　↓　］

□ **5** 今回、深海の熱水噴出孔付近で発見された新種の甲殻類は、高温・高圧以外の環境でも生存・繁嘱できる。

［　↓　］

8 送りがな

次の――線のカタカナを漢字一字と送りがな（ひらがな）で記せ。

〈例〉問題にコタエル。［答える］

各2点×5　／10

□ 1 島にウモレテいる宝を探す。［　　］

□ 2 身をヒルガエシて遠くへ逃げた。［　　］

□ 3 公園の木陰で近所の住民がイコウ。［　　］

□ 4 子どもがいたずらをクワダテテいる。［　　］

□ 5 父のトムライ合戦を計画した。［　　］

9 書き取り

次の――線のカタカナを漢字に直せ。

各2点×25　／50

□ 1 勤務態度の悪さからサセンされた。［　　］

□ 2 失敗にコりずに再起を図る。［　　］

□ 3 キモが据わっていて動じない。［　　］

□ 4 夕立がきて湖が一瞬でニゴった。［　　］

□ 5 ごシュウギ相場で市場は活況だ。［　　］

□ 6 私情をハサむことは許されない。［　　］

□ 7 コウジョされる金額を算出する。［　　］

□ 8 不用意な発言が物議をカモす。

□ 9 高校で柔道部のモサといわれた。

□ 10 サンケイの人々で神社がにぎわう。

□ 11 チョウボウのよい天守閣に登る。

□ 12 リンリ的に許されない行為だ。

□ 13 実行するべきかイナか悩む。

□ 14 不実な態度にイキドオりを覚える。

□ 15 新設部署で働く希望者をツノった。

□ 16 ウジガミの祭礼で大層な人出だ。

□ 17 歌手が施設のイモンに訪れた。

□ 18 機械の歯車にジュンカツ油を差す。

□ 19 この競技は体力をショウモウする。

□ 20 小売店に家電製品をオロす。

□ 21 ロウバシンから口を出してしまう。

□ 22 予想をクツガエして勝利を収めた。

□ 23 ダボクした所があざになっている。

□ 24 ネンゴろに旧友をもてなす。

□ 25 必死の巻き返しをチカう。

弱点発見テスト 標準解答

1 読み

各1点×30

1	きょうけん
2	ほんりゅう
3	つちか
4	まめつ
5	こぼんのう
6	あんぎゃ
7	しゅくしゅく
8	うずしお
9	たわむ
10	いろど
11	よそお
12	えいそう
13	こうきょう
14	おこ
15	いしずえ
16	つうぎょう
17	しゅくん
18	は
19	うらかぜ
20	しょうほん
21	げきじん
22	かんがん
23	しゅうしゅう
24	きょうほん
25	ちょうじ
26	すうこう
27	びぼうろく
28	かたわ
29	つつさき
30	せいちょう

2 部首

各1点×10

1	巾
2	口
3	女
4	幺
5	几
6	隹
7	車
8	糸
9	ノ
10	田

3 熟語の構成

各2点×10

1	ウ
2	ア
3	ア
4	イ
5	ウ
6	ウ
7	エ
8	ア
9	イ
10	オ

きちんと
答え合わせをして、
自分の得点を
計算しよう。

4 四字熟語

各2点×15

1	2	3	4	5	6	7	8	9	10	11	12	13	14	15
氷人	軽薄	粛正	孤城	春宵	有為	危急	比翼	劣敗	万丈	ク	エ	キ	ケ	ウ

5 対義語・類義語

各2点×10

1	2	3	4	5	6	7	8	9	10
嫌悪	虚偽	熟視	柔弱	栽培	幽閉	奇抜	配慮	盛衰	普遍

6 同音・同訓異字

各2点×10

1	2	3	4	5	6	7	8	9	10
触	障	下弦	加減	蚊	香	転嫁	添加	湖沼	故障

7 誤字訂正

各2点×5

1	2	3	4	5
閉↓併	応↓押	抜↓伐	怠↓滞	嘱↓殖

8 送りがな

各2点×5

1	2	3	4	5
埋もれて	翻し	憩う	企てて	弔い

9 書き取り

各2点×25

1	2	3	4	5	6	7	8	9	10	11	12	13	14	15
左遷	懲	肝	濁	祝儀	挟	控除	醸	猛者	参詣	眺望	倫理	否	憤	募

16	17	18	19	20	21	22	23	24	25
氏神	慰問	潤滑	消耗	卸	老婆心	覆	打撲	懇	誓

弱点発見シート

弱点発見テストの各分野の得点を、左の表に書き込んで、弱点を分析しましょう。Aはあなたが苦手な分野で、学習優先度が最も高いことを表します。効率のよい合格を目指すなら、Aの分野から集中的に学習するのもよいでしょう。

	得点	基準点	基準点との差	学習優先度
1 読み	／30	24		▶ □A □B □C
2 部首	／10	8		▶ □A □B □C
3 熟語の構成	／20	16		▶ □A □B □C
4 四字熟語	／30	24		▶ □A □B □C
5 対義語・類義語	／20	16		▶ □A □B □C
6 同音・同訓異字	／20	16		▶ □A □B □C
7 誤字訂正	／10	8		▶ □A □B □C
8 送りがな	／10	8		▶ □A □B □C
9 書き取り	／50	40		▶ □A □B □C

自分の得点から基準点を引いた数値が、基準点との差です。
例えば、1 読みの得点が18点なら、基準点24との差が－6となります。

基準点との差が
- **－4以下の場合 → 優先度A**
- **－3～＋3の場合 → 優先度B**
- **＋4以上の場合 → 優先度C**

学習優先度がわかったら、各分野の見出し下の
ABCにチェックを入れておきましょう。

自分の
学習優先度を
書いておこう!

あなたの学習の
優先度は?
□A □B □C

1時間目

難易度 Ⅰ

1時間目は、合格のためには必ず押さえて
おきたい基本問題です。
全部解けるようにしましょう。

1時間目

難易度Ⅰ

読み①

目標時間
3分

あなたの学習の優先度は?
□A □B □C
使い方は20ページ

●次の――線の漢字の読みをひらがなで記せ。

□ 1 **栄**えある王座に輝く。

□ 2 まだ幼いのに気が**利**く子どもだ。

□ 3 手柄を立てた家臣に**褒美**を与える。

□ 4 体よく名誉会長に**奉**られた。

□ 5 努力のかいあって宿願が**成就**した。

□ 6 葬儀が**厳**かに執り行われた。

□ 7 数字が真実を**如実**に示している。

□ 8 おせちを**漆塗**りの重箱に盛る。

□ 9 **狭量**な考えに終始して判断を誤る。

□ 10 健康診断で軽い**疾病**が発見された。

□ 11 **懸賞**論文で一等を獲得した。

□ 12 期待した**釣果**が得られなかった。

□ 13 交通事故の**撲滅**に努める。

□ 14 目先のささいな事に**拘泥**する。

□ 15 経験を**糧**として精進を重ねる。

□ 16 主役をやらせてほしいと**懇願**した。

□ 17 友禅染は**繊細**な色や模様が特徴だ。

□ 18 **川柳**には風俗や風刺が含まれている。

□ 19 温暖な地で野菜の種苗を育てる。〔　　〕

□ 20 軽く会釈してから部屋に入る。〔　　〕

□ 21 あちこち奔走して後援者を募った。〔　　〕

□ 22 大企業の不祥事が世間に露呈した。〔　　〕

□ 23 言葉が足りず侮辱と受け取られた。〔　　〕

□ 24 長男が生まれ、家系は安泰だ。〔　　〕

□ 25 役者になって幾星霜を重ねた。〔　　〕

□ 26 手術で病巣を完全に切除した。〔　　〕

□ 27 選挙演説の聴衆で人垣ができる。〔　　〕

□ 28 人気商品の在庫が払底する。〔　　〕

□ 29 屋敷の周りに高い塀を設ける。〔　　〕

□ 30 利害関係が複雑に絡み合う。〔　　〕

□ 31 戦死者を葬る塚を築いた。〔　　〕

□ 32 社の命運が新社長の双肩にかかる。〔　　〕

標準解答

1 は
2 き
3 ほうび
4 たてまつ
5 じょうじゅ
6 おごそ
7 にょじつ
8 うるしぬ
9 きょうりょう
10 しっぺい
11 けんしょう
12 ちょうか
13 ぼくめつ
14 こうでい
15 かて
16 こんがん
17 せんさい
18 せんりゅう
19 しゅびょう
20 えしゃく
21 ほんそう
22 ろてい
23 ぶじょく
24 あんたい
25 せいそう
26 びょうそう
27 ひとがき
28 ふってい
29 へい
30 から
31 つか
32 そうけん

9 狭量《きょうりょう》→人を受け入れる心が狭いこと。
12 釣果《ちょうか》→魚釣りの成果。
13 撲滅《ぼくめつ》→完全になくしてしまうこと。
14 拘泥《こうでい》→必要以上にこだわること。
21 奔走《ほんそう》→物事の実現に向けて走り回って努力すること。
24 安泰《あんたい》→無事で安らかな様子。
25 幾星霜《いくせいそう》を重《かさ》ねる→何年も経つこと。
28 払底《ふってい》→物が非常に少なくなること。

点線で折り、解答を隠しても使えます!

1時間目

難易度Ⅰ

読み②

目標時間
3分

あなたの学習の優先度は?
□A □B □C
使い方は20ページ

●次の——線の漢字の読みをひらがなで記せ。

□ 1 劣勢であることは否めない。 [　　]

□ 2 所得税の配偶者控除を受ける。 [　　]

□ 3 朝廷に良質な馬を貢ぐ。 [　　]

□ 4 暗号が解読されて情報が筒抜けだ。 [　　]

□ 5 八百長による試合とは思えない。 [　　]

□ 6 寺に籠もって断食修行をする。 [　　]

□ 7 役場から戸籍謄本を取り寄せる。 [　　]

□ 8 失態を演じて自己嫌悪に陥る。 [　　]

□ 9 熱がある人だけ検疫した。 [　　]

□ 10 天気がよいので布団を干した。 [　　]

□ 11 使用した医療器具を煮沸消毒する。 [　　]

□ 12 党首が各地を遊説し政策を訴える。 [　　]

□ 13 新星の歌手が旋風を巻き起こした。 [　　]

□ 14 腹を据えて難局に立ち向かう。 [　　]

□ 15 事件への関与を詰問される。 [　　]

□ 16 雪崩のため捜索救助隊が出動した。 [　　]

□ 17 運動後は体が水分を欲する。 [　　]

□ 18 免疫力を高める食材をとる。 [　　]

□ 19 報酬の**多寡**を問わず仕事を請ける。

□ 20 **仰**せの通りに存じます。

□ 21 **括弧**書きの多い文章は読みづらい。

□ 22 突然獣が現れて背筋に**悪寒**が走る。

□ 23 あらゆる方面に造詣が深い**傑物**だ。

□ 24 整体院に行って**猫背**を矯正する。

□ 25 死んだ犬が**成仏**するよう願う。

□ 26 山深い自然の中で俳句を**詠**む。

□ 27 **暁天**が白む頃に目が覚めた。

□ 28 風雨にさらされて塗装が**剥**がれる。

□ 29 老後は田舎で**安閑**として暮らしたい。

□ 30 日没後の金星を**宵**の明星という。

□ 31 初夏の**薫風**を肌で感じる。

□ 32 両者の技量には**雲泥**の差がある。

標準解答

1 いな
2 こうじょ
3 みつ
4 つつぬ
5 やおちょう
6 だんじき
7 とうほん
8 けんお
9 けんえき
10 ふとん
11 しゃふつ
12 ゆうぜい
13 せんぷう
14 す
15 きつもん
16 そうさく
17 ほっ
18 めんえき
19 たか
20 おお
21 かっこ
22 おかん
23 けつぶつ
24 ねこぜ
25 じょうぶつ
26 よ
27 ぎょうてん
28 は
29 あんかん
30 よい
31 くんぷう
32 うんでい

2 **控除**《こうじょ》↓数量などを差し引くこと。

7 **謄本**《とうほん》↓原本の内容を全て写しとった文書。

9 **検疫**《けんえき》↓伝染病の病原体が持ち込まれるのを防ぐため、空港などで検査し、必要な処置をとること。

23 **傑物**《けつぶつ》↓特に優れた人物のこと。

27 **暁天**《ぎょうてん》↓明け方の空。夜明け。

31 **薫風**《くんぷう》↓初夏に吹くさわやかな風。

点線で折り、解答を隠しても使えます！

1時間目

難易度Ⅰ

読み③

目標時間 3分

●次の——線の漢字の読みをひらがなで記せ。

□ 1 時代の**好尚**に合わせて製品を作る。

□ 2 人手不足で採用の**枠**を広げる。

□ 3 調査結果を**概括**して述べる。

□ 4 夜になると**岬**の灯台が点滅する。

□ 5 人口が密集した都市部を**管轄**する。

□ 6 前代の**余薫**を被っている。

□ 7 利息の**端数**は切り捨てて計算する。

□ 8 無法者に**憎悪**の念を抱く。

□ 9 畑に**畝**をこしらえて苗を植える。

□ 10 国王への**謁見**が許された。

□ 11 崖の**際**に植物が自生している。

□ 12 夜が**更**けるまで読書にいそしむ。

□ 13 しばらくの間、**思索**にふける。

□ 14 **仙境**と呼ばれる絶景が広がる。

□ 15 **空疎**な内容で面白みがない。

□ 16 **門扉**を固く閉ざして来客を拒む。

□ 17 よく**吟味**して家具を調達する。

□ 18 琴の**旋律**には和風情緒が漂う。

あなたの学習の優先度は?
□A □B □C
使い方は20ページ

19 最新のソフトウエアが推奨される。

20 適切な温度管理の下で育苗する。

21 今回だけは堪忍しよう。

22 鎌倉時代に建立された寺院だ。

23 長男が成人して家督を継いだ。

24 端正な挙措に心ひかれる。

25 優勝した力士に賜杯が授与された。

26 上級裁判所に控訴する意向を示す。

27 マグロを高値で競り落とした。

28 交響曲の勇壮な調べに酔いしれる。

29 野良犬が歩道を歩いている。

30 大企業の本社が首都に偏っている。

31 常夏の南国で日々の疲れを癒やす。

32 術後に快復の兆しが見えてきた。

標準解答

1 こうしょう
2 わく
3 がいかつ
4 みさき
5 かんかつ
6 よくん
7 はすう
8 ぞうお
9 うね
10 えっけん
11 きわ
12 ふ
13 しさく
14 せんきょう
15 くうそ
16 もんぴ
17 ぎんみ
18 せんりつ
19 すいしょう
20 いくびょう
21 かんにん
22 こんりゅう
23 かとく
24 きょそ
25 しはい
26 こうそ
27 せ
28 ゆうそう
29 のら
30 かたよ
31 とこなつ
32 きざ

1 **好尚**《こうしょう》↓好み。流行。

6 **余薫**《よくん》↓後に残る香り。先人の残した徳。

14 **仙境**《せんきょう》↓仙人が住む場所。俗世間を離れた静かで清らかな土地。

23 **家督**《かとく》↓あととり。その家を継ぐべき子。

24 **挙措**《きょそ》↓立ち居振る舞い。

28 **勇壮**《ゆうそう》↓元気で勇ましいこと。また、その様子。

点線で折り、解答を隠しても使えます!

1時間目

難易度Ⅰ

読み④

目標時間
3分

あなたの学習の優先度は？
□A □B □C
使い方は20ページ

●次の——線の漢字の読みをひらがなで記せ。

1 工場のラインをすべて稼働させる。
2 党の綱領に基本政策を定める。
3 館内での携帯電話使用は御法度だ。
4 条文に但し書きを付け加える。
5 胃腸を患い入退院を繰り返す。
6 囲碁の定石を基礎から覚える。
7 従容たる態度が印象的だった。
8 高校の恩師に思慕の念を抱く。
9 異郷で数々の辛酸をなめてきた。
10 既往症が再発しないか心配だ。
11 高熱が続いたので解熱剤を飲んだ。
12 彼の演奏は生命の息吹を感じる。
13 大衆の面前で叱責され恥をかいた。
14 初心者が陥りやすい失敗だ。
15 旅先で知り合った人と懇意になる。
16 幼い日の郷愁にふける。
17 まさに生きるか死ぬかの瀬戸際だ。
18 一人息子を慈しみ育てる。

□ 19 争いの**渦中**に巻き込まれる。

□ 20 **山麓**が連なる雄大な景色を眺める。

□ 21 **摂政**が天皇の代わりに政を行う。

□ 22 学校の成績が**芳**しくない。

□ 23 解決の糸口を**躍起**になって探す。

□ 24 **偽**のバッグか否かを鑑定する。

□ 25 **籠城**も七日目で食料が尽きた。

□ 26 ひと目見て**才媛**だと直感した。

□ 27 **不肖**ながら精一杯努力します。

□ 28 師匠から芸の奥義を**会得**した。

□ 29 緊張の連続で精神的に**疲弊**する。

□ 30 駅前の再開発事業に**参画**する。

□ 31 **伏線**が緻密に張られた小説だ。

□ 32 プロジェクトの**中核**となる人物だ。

標準解答

1 かどう
2 こうりょう
3 ごはっと
4 ただ
5 わずら
6 じょうせき
7 しょうよう
8 しぼ
9 しんさん
10 きおうしょう
11 げねつざい
12 いぶき
13 しっせき
14 おちい
15 こんい
16 きょうしゅう
17 せとぎわ
18 いつく
19 かちゅう
20 さんろく
21 せっしょう
22 かんば
23 やっき
24 にせ
25 ろうじょう
26 さいえん
27 ふしょう
28 えとく
29 ひへい
30 さんかく
31 ふくせん
32 ちゅうかく

2 **綱領**《こうりょう》→政党などの基本方針。要点。
7 **従容**《しょうよう》→落ち着き払っているさま。
8 **思**《し》**慕**《ぼ》→なつかしく思うこと。
9 **辛酸**《しんさん》→つらい思い。
26 **才媛**《さいえん》→才能や教養のある女性。
27 **不**《ふ》**肖**《しょう》→取るに足りないこと。未熟であとっていること。
32 **中核**《ちゅうかく》→物事の中心となる重要な部分。

点線で折り、解答を隠しても使えます!

1時間目

難易度Ⅰ

部首

あなたの学習の優先度は？

□A □B □C

使い方は20ページ

●次の漢字の部首を記せ。

- □ 1 旋〔　　〕
- □ 2 準〔　　〕
- □ 3 酌〔　　〕
- □ 4 面〔　　〕
- □ 5 既〔　　〕
- □ 6 武〔　　〕
- □ 7 庸〔　　〕
- □ 8 窮〔　　〕
- □ 9 了〔　　〕
- □ 10 朴〔　　〕
- □ 11 尼〔　　〕
- □ 12 夢〔　　〕
- □ 13 真〔　　〕
- □ 14 薫〔　　〕
- □ 15 淑〔　　〕
- □ 16 衡〔　　〕
- □ 17 宜〔　　〕
- □ 18 斉〔　　〕
- □ 19 宰〔　　〕
- □ 20 叔〔　　〕
- □ 21 閥〔　　〕
- □ 22 囚〔　　〕
- □ 23 音〔　　〕
- □ 24 般〔　　〕

□ 25 衰〔　　〕

□ 26 辞〔　　〕

□ 27 我〔　　〕

□ 28 徹〔　　〕

□ 29 卯〔　　〕

□ 30 唇〔　　〕

□ 31 癒〔　　〕

□ 32 革〔　　〕

□ 33 頻〔　　〕

□ 34 廷〔　　〕

□ 35 塁〔　　〕

□ 36 赴〔　　〕

□ 37 猶〔　　〕

□ 38 凸〔　　〕

□ 39 窯〔　　〕

□ 40 昆〔　　〕

□ 41 崇〔　　〕

□ 42 准〔　　〕

□ 43 宵〔　　〕

□ 44 叙〔　　〕

標準解答

1 方（ほうへん）
2 氵（さんずい）
3 酉（とりへん）
4 面（めん）
5 旡（すでのつくり）
6 止（とめる）
7 广（まだれ）
8 穴（あなかんむり）
9 亅（はねぼう）
10 木（きへん）
11 尸（かばね）
12 夕（た）
13 目（め）
14 艹（くさかんむり）
15 氵（さんずい）
16 行（ぎょうがまえ）
17 宀（うかんむり）
18 斉（せい）
19 宀（うかんむり）
20 又（また）
21 門（もんがまえ）
22 囗（くにがまえ）
23 音（おと）
24 舟（ふねへん）
25 衣（ころも）
26 辛（からい）
27 戈（ほこづくり）
28 彳（ぎょうにんべん）
29 卩（わりふ）
30 口（くち）
31 疒（やまいだれ）
32 革（かくのかわ）
33 頁（おおがい）
34 廴（えんにょう）
35 土（つち）
36 走（そうにょう）
37 犭（けものへん）
38 凵（うけばこ）
39 穴（あなかんむり）
40 日（ひ）
41 山（やま）
42 冫（にすい）
43 宀（うかんむり）
44 又（また）

点線で折り、解答を隠しても使えます！

1時間目

難易度Ⅰ

熟語の構成

目標時間
3分

あなたの学習の優先度は？
□A □B □C
使い方は20ページ

●熟語の構成には、次のようなものがある。

ア 同じような意味の字を重ねたもの（例 岩石）
イ 反対または対応の意味を表す字を重ねたもの（例 高低）
ウ 上の字が下の字を修飾しているもの（例 洋画）
エ 下の字が上の字の目的語・補語になっているもの（例 着席）
オ 上の字が下の字の意味を打ち消しているもの（例 非常）

●次の熟語は右のア～オのどれにあたるか、一つ選んで記号を記せ。

□ 1 繊細［　］
□ 2 及落［　］
□ 3 疾患［　］
□ 4 酪農［　］
□ 5 無恥［　］
□ 6 陳述［　］
□ 7 不慮［　］
□ 8 遵法［　］
□ 9 搭乗［　］
□ 10 不祥［　］
□ 11 未聞［　］
□ 12 叙事［　］

□ 13 不偏 [　　]

□ 14 存廃 [　　]

□ 15 需給 [　　]

□ 16 不遜 [　　]

□ 17 長幼 [　　]

□ 18 検疫 [　　]

□ 19 経緯 [　　]

□ 20 弔辞 [　　]

□ 21 迎賓 [　　]

□ 22 無謀 [　　]

□ 23 不浄 [　　]

□ 24 未遂 [　　]

□ 25 懇望 [　　]

□ 26 俊秀 [　　]

□ 27 枯渇 [　　]

□ 28 徹底 [　　]

標準解答

1 ア 繊も細も「こまかい」の意
2 イ 「及第」↔「落第」
3 ア 疾も患も「病気」の意
4 ウ 「乳製品などの（酪）→農業」の意
5 オ 恥じることがないこと
6 ア 陳も述も「のべる」の意
7 オ 思いがけないこと
8 エ 「遵守する←法律を」の意
9 ア 搭も乗も「のる」の意
10 オ めでたくないこと

11 オ いまだ聞いたことがないこと
12 エ 「叙述する←事実を」の意
13 オ 偏らないこと
14 イ 「存続」↔「廃止」
15 イ 「需要」↔「供給」
16 オ へりくだる気持ちがないこと
17 イ 「年上」↔「年下」
18 エ 「予防の検査をする←疫病の」の意
19 イ 「たて（経）」↔「よこ（緯）」
20 ウ 「弔う→ことば」の意

21 エ 「迎える←賓客を」の意
22 オ 思案・工夫（謀）がないこと
23 オ 心などが清らか（浄）ではないこと
24 オ いまだ成し遂げていないこと
25 ウ 「心から（懇）→望む」の意
26 ア 俊も秀も「すぐれている」の意
27 ア 枯も渇も「かれてなくなる」の意
28 エ 「貫き徹《とお》る←底まで」の意

点線で折り、解答を隠しても使えます！

1時間目

難易度Ⅰ

送りがな

目標時間 4分

あなたの学習の優先度は?
□A □B □C
使い方は20ページ

●次の――線のカタカナを漢字一字と送りがな（ひらがな）で記せ。

□ 1 最新鋭の生産設備を工場にスエル。［　　　］

□ 2 お守りを懐にシノバセテ試験に臨む。［　　　］

□ 3 夕方になってスズシクなった。［　　　］

□ 4 名門の名をハズカシメル行いだ。［　　　］

□ 5 語り尽くすうちに夜がフケタ。［　　　］

□ 6 退屈な話に眠気をモヨオシタ。［　　　］

□ 7 彼は勇気をもって敵にイドンダ。［　　　］

□ 8 主君への忠誠を固くチカッタ。［　　　］

□ 9 赤く染まった紅葉が山をイロドル。［　　　］

□ 10 ダイヤモンドはダイヤでミガク。［　　　］

□ 11 イチジルシイ技術の進歩だ。［　　　］

□ 12 事故で車の流れがトドコオル。［　　　］

□ 13 ミニクイアヒルの子は白鳥になった。［　　　］

□ 14 カンバシイ梅の香りが広がる。［　　　］

□ 15 発表会でバイオリンをカナデル。［　　　］

□ 16 水を飲んで喉をウルオス。［　　　］

□ 17 ヨソオイも新たに店を再開した。［　　　］

□ 18 彼は本を貸すのをシブッタ。［　　　］

□ 19 あまりの寒さに手がコゴエル。

□ 20 知人とは気づかず通りスギル。

□ 21 通行のサマタゲとなる。

□ 22 洗濯機の中で衣類と衣類がスレル。

□ 23 窓ガラスの修理代をツグナッタ。

□ 24 家計を見直して食費をケズッタ。

□ 25 魅力的な誘いに心がユレタ。

□ 26 丹念にツムイダ糸で織物を織る。

□ 27 厳しい暑さで顔から汗がシタタル。

□ 28 理不尽な扱いを受けてイキドオル。

□ 29 評判はマタタク間に広がった。

□ 30 助かったかどうかサダカではない。

□ 31 有志をツノッて楽団を結成する。

□ 32 ウルワシイ女性として評判だ。

標準解答

1 据える
2 忍ばせて
3 涼しく
4 辱める
5 更けた
6 催した
7 挑んだ
8 誓った
9 彩る
10 磨く
11 著しい
12 滞る
13 醜い
14 芳しい
15 奏でる
16 潤す
17 装い
18 渋った
19 凍える
20 過ぎる
21 妨げ
22 擦れる
23 償った
24 削った
25 揺れた
26 紡いだ
27 滴る
28 憤る
29 瞬く
30 定か
31 募っ
32 麗しい

点線で折り、解答を隠しても使えます！

1時間目

難易度Ⅰ

同音・同訓異字

目標時間 4分

あなたの学習の優先度は?

□A □B □C

使い方は20ページ

●次の——線のカタカナを漢字に直せ。

□ 1 部下の意見をコウテイする。

□ 2 総理がコウテイ玄関に姿を現した。

□ 3 国の権限を県にイカンする。

□ 4 本領をイカンなく発揮する。

□ 5 雑務をイッカツして処理する。

□ 6 注意散漫な部下をイッカツする。

□ 7 ツバメのスは中華の高級食材だ。

□ 8 スでしめた食品は保存がきく。

□ 9 スコップのエが折れてしまった。

□ 10 小さな漁船が入りエに戻ってきた。

□ 11 任務が完了したムネを伝える。

□ 12 マンションが四ムネ建設された。

□ 13 オカした罪を時間を掛けて償う。

□ 14 流行している疫病にオカされる。

□ 15 両社の製品はコクジしている。

□ 16 市議選の投票日がコクジされた。

□ 17 事故の責任者がコウテツされた。

□ 18 コウテツで骨組みされたビルだ。

□ 19 度重なるコウショウの末合意した。

□ 20 コウショウな香道の趣味をもつ。

□ 21 海外の取材に記者をハケンする。

□ 22 猛練習の末、ハケンを奪回した。

□ 23 遊びたいという誘惑にカられる。

□ 24 伸びた雑草をカり取る。

□ 25 職場でカイキンシャツを着用する。

□ 26 年度末にカイキン賞をもらった。

□ 27 カンゲン楽を聴いて心を癒やす。

□ 28 得た収益を社会にカンゲンする。

□ 29 労働者の賃上げ要求をキョヒした。

□ 30 太陽光発電の普及にキョヒを投じる。

□ 31 議論のオウシュウで先に進まない。

□ 32 多数の証拠がオウシュウされた。

□ 33 道を入るとカンセイな住宅街だ。

□ 34 カンセイ官の指示で着陸した。

□ 35 行方不明者のソウサクを続ける。

□ 36 斬新な美術品をソウサクした。

標準解答

1 肯定
2 公邸
3 移管
4 遺憾
5 一括
6 一喝

7 巣
8 酢
9 柄
10 江
11 旨
12 棟

13 犯
14 冒
15 酷似
16 告示
17 更迭
18 鋼鉄

19 交渉
20 高尚
21 派遣
22 覇権
23 駆
24 刈

25 開襟
26 皆勤
27 管弦
28 還元
29 拒否
30 巨費

31 応酬
32 押収
33 閑静
34 管制
35 捜索
36 創作

4 **遺憾**《いかん》↓思い通りではなく、心残りであること。

17 **更迭**《こうてつ》↓地位や役目を他の人といれかえること。

22 **覇権**《はけん》↓競技などで勝って得た栄誉。

31 **応酬**《おうしゅう》↓相手にこたえ、互いにやり取りすること。

33 **閑静**《かんせい》↓ざわめきが聞こえず、もの静かで落ち着いたさま。

点線で折り、解答を隠しても使えます!

1時間目

難易度Ⅰ

書き取り①

目標時間 4分

あなたの学習の優先度は?

□A □B □C

使い方は20ページ

●次の——線のカタカナを漢字に直せ。

□ 1 タナに多くの本が並べてある。

□ 2 敵をアナドって惨敗を喫した。

□ 3 火加減を間違えて魚をコがした。

□ 4 祖母は孫からシタわれている。

□ 5 お門違いもハナハだしい。

□ 6 海岸にモが繁茂している。

□ 7 工夫をコらした料理を作る。

□ 8 人々は皆平等にオいる定めである。

□ 9 キクの花びらをおひたしにする。

□ 10 事故の遺族をナグサめる。

□ 11 カロうじて決勝戦にコマを進めた。

□ 12 管弦楽団が優美な旋律をカナでる。

□ 13 運営費は会費でマカナわれている。

□ 14 無礼な対応にイヤな気分になる。

□ 15 無理な要求に返答をシブった。

□ 16 失敗の責任を部下にテンカする。

□ 17 支出が多くてフトコロが寂しい。

□ 18 ヨジョウ人員の削減に踏み切る。

□ 19 積み重ねてきた信頼がユらぐ。

□ 20 新居のムネアげを執り行う予定だ。

□ 21 感動のあまり涙で目がウルむ。
□ 22 両勢力のキンコウが崩れる。
□ 23 おボンには帰省して墓参りをする。
□ 24 三日間のダンジキに挑戦する。
□ 25 財布のひもをシめる。
□ 26 すべての努力がスイホウに帰した。
□ 27 慌てて体裁を取りツクロった。
□ 28 カーテンを閉めて日光をサエギる。

□ 29 ぬれた服をたき火でカワかす。
□ 30 体にカラみつくような蒸し暑さだ。
□ 31 地元でとれたザコでちくわを作る。
□ 32 ルロウの民として長年生きてきた。
□ 33 師の言葉を座右のメイとする。
□ 34 生徒に心得違いをサトした。
□ 35 じっくりチュウシュツしたお茶だ。
□ 36 公園のホリで白鳥が飼われている。

標準解答

1 棚
2 侮
3 焦
4 慕
5 甚
6 藻
7 凝
8 老
9 菊
10 慰
11 辛
12 奏
13 賄
14 嫌
15 渋
16 転嫁
17 懐
18 余剰
19 揺
20 棟上
21 潤
22 均衡
23 盆
24 断食
25 締
26 水泡
27 繕
28 遮
29 乾
30 絡
31 雑魚
32 流浪
33 銘
34 諭
35 抽出
36 堀

点線で折り、解答を隠しても使えます！

1時間目

難易度Ⅰ

書き取り②

目標時間 4分

あなたの学習の優先度は？
□A □B □C
使い方は20ページ

●次の――線のカタカナを漢字に直せ。

□ 1 アミダナに手荷物を載せる。（　　）
□ 2 ミゾにたまった落ち葉を掃除した。（　　）
□ 3 除夜のカネを鳴らす列に並んだ。（　　）
□ 4 権利者のショウダクを得る。（　　）
□ 5 今月限りでコトブキ退職する。（　　）
□ 6 マボロシの酒を求め酒蔵を訪れる。（　　）
□ 7 出土品がチンレツされている。（　　）
□ 8 一位と二位とではウンデイの差だ。（　　）
□ 9 仲間にソソノカされて悪事を働く。（　　）
□ 10 波が岩壁に当たってはクダけ散る。（　　）
□ 11 不遜な態度が相手の気にサワった。（　　）
□ 12 長年ツチカってきた友情が壊れる。（　　）
□ 13 飼い猫の首にスズをつける。（　　）
□ 14 諸国を制覇して天下をスべる。（　　）
□ 15 壊した時計代をベンショウした。（　　）
□ 16 ウヤウヤしく大統領を出迎える。（　　）
□ 17 書類をフンシツして平謝りした。（　　）
□ 18 その武士はケン一筋に生きた。（　　）
□ 19 スルメをえさにザリガニをツる。（　　）
□ 20 百ツボの敷地に豪邸を構える。（　　）

□ 21 オロかな振る舞いで迷惑をかける。

□ 22 看板にイツワりなし。

□ 23 予選を勝ち抜いて王者にイドんだ。

□ 24 それでは私の立つセがない。

□ 25 衣装に付いたシみを落とす。

□ 26 海岸に浮遊物がヒョウチャクする。

□ 27 ウえに苦しむ難民を支援する。

□ 28 精巧に造られたニセサツが出回る。

□ 29 彼は人の上に立つウツワだ。

□ 30 原案の再考をウナガした。

□ 31 ジンリンにもとる行為を非難する。

□ 32 銅を型に流して鐘をイる。

□ 33 山のハに夕日が沈む。

□ 34 外部に情報がモれるのを防止する。

□ 35 ネバり強く戦って勝利を得た。

□ 36 雨が降り続いて地盤がユルむ。

標準解答

1 網棚
2 溝
3 鐘
4 承諾
5 寿
6 幻
7 陳列
8 雲泥
9 唆
10 砕
11 障
12 培
13 鈴
14 統
15 弁償
16 恭
17 紛失
18 剣
19 釣
20 坪
21 愚
22 偽
23 挑
24 瀬
25 染
26 漂着
27 飢
28 偽札
29 器
30 促
31 人倫
32 鋳
33 端
34 漏
35 粘
36 緩

1時間目

難易度Ⅰ

書き取り③

目標時間
4分

あなたの学習の優先度は?
□A □B □C
使い方は20ページ

●次の――線のカタカナを漢字に直せ。

□ 1 財政難のために予算がケズられた。
□ 2 運動靴をハいて近所を散歩する。
□ 3 ワンガン沿いのコースをひた走る。
□ 4 炎天下で汗がシタタり落ちる。
□ 5 ヨコナグりの雨が窓に吹き付ける。
□ 6 彼女の目はシンジュのように輝く。
□ 7 選挙に備えて地方をユウゼイする。
□ 8 人込みにマギれて子どもを見失う。
□ 9 彼の邸宅には立派なモンピがある。
□ 10 負けオしみの減らず口。
□ 11 ヨウツウ予防のため水泳をする。
□ 12 周囲の支援が心のカテとなった。
□ 13 早世した天才数学者をイタむ。
□ 14 血液が体内をジュンカンする。
□ 15 天神様のごリヤクで合格した。
□ 16 斜面の崩落で進路をハバまれた。
□ 17 目標達成のアカツキにはお祝いしよう。
□ 18 ナエギから育てて花を咲かせた。
□ 19 仕事で疲れて甘い菓子をホッする。
□ 20 大敗を喫してミジめな思いをした。

21 サクインで知りたい用語を探す。

22 犬のウブゲは柔らかく気持ちよい。

23 書画のメキきを依頼する。

24 神ならぬ身の知るヨシもない。

25 長く悪政にシイタげられてきた。

26 寒さでクチビルが青くなった。

27 貸し借りを考慮してソウサイする。

28 地面がカンボツして通行できない。

29 ハきだめに鶴。

30 常軌をイッする行為に驚いた。

31 鬼気迫る形相で彼は仏像をホった。

32 美術品が高値でセり落とされた。

33 農民はネングの軽減を訴えた。

34 このパンは焼きすぎてクロコげだ。

35 タマシイを込めて音楽を演奏する。

36 仏教ハッショウの地を巡礼する。

標準解答

1 削
2 履
3 湾岸
4 滴
5 横殴
6 真珠
7 遊説
8 紛
9 門扉
10 惜
11 腰痛
12 糧
13 悼
14 循環
15 利益
16 阻
17 暁
18 苗木
19 欲
20 惨
21 索引
22 産毛
23 目利
24 由
25 虐
26 唇
27 相殺
28 陥没
29 掃
30 逸
31 彫
32 競
33 年貢
34 黒焦
35 魂
36 発祥

点線で折り、解答を隠しても使えます!

1時間目

難易度Ⅰ

対義語・類義語①

目標時間 5分

あなたの学習の優先度は?

□A □B □C

使い方は20ページ

●次の□の中の語を一度だけ使って漢字に直し、対義語・類義語を記せ。

対義語

□ 1 委細〔　　〕

□ 2 崇拝〔　　〕

□ 3 巧遅〔　　〕

□ 4 粗雑〔　　〕

類義語

□ 5 歴史〔　　〕

□ 6 道徳〔　　〕

□ 7 死角〔　　〕

□ 8 指揮〔　　〕

えんかく・がいりゃく・けいぶ・さいはい・せっそく・ちみつ・もうてん・りんり

対義語

□ 9 病弱〔　　〕

□ 10 明瞭〔　　〕

□ 11 素人〔　　〕

□ 12 不足〔　　〕

類義語

□ 13 十全〔　　〕

□ 14 快復〔　　〕

□ 15 祝福〔　　〕

□ 16 断罪〔　　〕

あいまい・かんぺき・くろうと・けいが・しょばつ・そうけん・ちゆ・よじょう

対義語

□ 17 貫徹［　　］

□ 18 賢明［　　］

□ 19 激賞［　　］

□ 20 理論［　　］

類義語

□ 21 妨害［　　］

□ 22 困苦［　　］

□ 23 光陰［　　］

□ 24 失望［　　］

あんぐ・ざせつ・じっせん・しんさん・せいそう・そし・ばとう・らくたん

対義語

□ 25 繁忙［　　］

□ 26 覚醒［　　］

□ 27 凡百［　　］

□ 28 枯渇［　　］

類義語

□ 29 隷属［　　］

□ 30 将来［　　］

□ 31 永遠［　　］

□ 32 考慮［　　］

かんさん・きょうじゅん・さいみん・しゃくりょう・じゅんたく・ぜんと・ゆいいつ・ゆうきゅう

標準解答

1 概略《がいりゃく》
2 軽侮《けいぶ》
3 拙速《せっそく》
4 緻密《ちみつ》
5 沿革《えんかく》
6 倫理《りんり》
7 盲点《もうてん》
8 采配《さいはい》
9 壮健《そうけん》
10 曖昧《あいまい》
11 玄人《くろうと》
12 余剰《よじょう》
13 完璧《かんぺき》
14 治癒《ちゆ》
15 慶賀《けいが》
16 処罰《しょばつ》
17 挫折《ざせつ》
18 暗愚《あんぐ》
19 罵倒《ばとう》
20 実践《じっせん》
21 阻止《そし》
22 辛酸《しんさん》
23 星霜《せいそう》
24 落胆《らくたん》
25 閑散《かんさん》
26 催眠《さいみん》
27 唯一《ゆいいつ》
28 潤沢《じゅんたく》
29 恭順《きょうじゅん》
30 前途《ぜんと》
31 悠久《ゆうきゅう》
32 酌量《しゃくりょう》

2 **軽侮《けいぶ》**→相手を軽んじて侮ること。
3 **拙速《せっそく》**→できはよくなくても、仕事が早いこと。
18 **暗愚《あんぐ》**→愚かで道理がわからず、物事を判断する力がないこと。
29 **恭順《きょうじゅん》**→つつしんで逆らわないこと。
31 **悠久《ゆうきゅう》**→長く久しい様子。

点線で折り、解答を隠しても使えます！

1時間目

難易度Ⅰ

対義語・類義語②

目標時間 5分

あなたの学習の優先度は？

□A □B □C

使い方は20ページ

●次の□の中の語を一度だけ使って漢字に直し、対義語・類義語を記せ。

対義語

□ 1 名誉［　　］

□ 2 陳腐［　　］

□ 3 没落［　　］

□ 4 密集［　　］

類義語

□ 5 他界［　　］

□ 6 中核［　　］

□ 7 上品［　　］

□ 8 沈着［　　］

こうしょう・ざんしん・すうじく・せいきょ・たいぜん・ちじょく・てんざい・ぼっこう

対義語

□ 9 凝固［　　］

□ 10 不毛［　　］

□ 11 存続［　　］

□ 12 挫折［　　］

類義語

□ 13 談判［　　］

□ 14 強情［　　］

□ 15 工面［　　］

□ 16 永遠［　　］

がんこ・かんてつ・こうきゅう・こうしょう・ねんしゅつ・はいし・ひよく・ゆうかい

対義語

□ 17 反抗〔　　〕

□ 18 汚濁〔　　〕

□ 19 哀悼〔　　〕

□ 20 個別〔　　〕

類義語

□ 21 一掃〔　　〕

□ 22 妨害〔　　〕

□ 23 譲歩〔　　〕

□ 24 湯船〔　　〕

いっせい・きょうじゅん・けいが・じゃま・せいちょう・だきょう・ふっしょく・よくそう

対義語

□ 25 概略〔　　〕

□ 26 冗舌〔　　〕

□ 27 進出〔　　〕

□ 28 薄暮〔　　〕

類義語

□ 29 歴然〔　　〕

□ 30 容赦〔　　〕

□ 31 対価〔　　〕

□ 32 縁者〔　　〕

いさい・かもく・かんべん・けんちょ・てったい・ふつぎょう・ほうしゅう・しんせき

標準解答

1 恥辱《ちじょく》
2 斬新《ざんしん》
3 勃興《ぼっこう》
4 点在《てんざい》
5 逝去《せいきょ》
6 枢軸《すうじく》

7 高尚《こうしょう》
8 泰然《たいぜん》
9 融解《ゆうかい》
10 肥沃《ひよく》
11 廃止《はいし》
12 貫徹《かんてつ》

13 交渉《こうしょう》
14 頑固《がんこ》
15 捻出《ねんしゅつ》
16 恒久《こうきゅう》
17 恭順《きょうじゅん》
18 清澄《せいちょう》

19 慶賀《けいが》
20 一斉《いっせい》
21 払拭《ふっしょく》
22 邪魔《じゃま》
23 妥協《だきょう》
24 浴槽《よくそう》

25 委細《いさい》
26 寡黙《かもく》
27 撤退《てったい》
28 払暁《ふつぎょう》
29 顕著《けんちょ》
30 勘弁《かんべん》

31 報酬《ほうしゅう》
32 親戚《しんせき》

6 **枢軸《すうじく》**↓物事の一番大切なところ。
8 **泰然《たいぜん》**↓落ち着いている様子。
9 **融解《ゆうかい》**↓固体などの物質がとけること。
10 **肥沃《ひよく》**↓土地が肥えていること。
16 **恒久《こうきゅう》**↓いつまでも変わらないこと。
18 **清澄《せいちょう》**↓清らかで、澄みきっていること。
28 **払暁《ふつぎょう》**↓夜が明けるころ。

点線で折り、解答を隠しても使えます!

1時間目

難易度Ⅰ

誤字訂正

●次の各文に間違って使われている同じ音訓の漢字が一字ある。上に誤字を、下に正しい漢字を記せ。

□ **1** 新種のウイルスが世界的に流行している現状を鑑みて政府は検液を強化して水際で食い止める策を講じた。 ［　↓　］

□ **2** 事故の補障を求めて幾度となく運送会社と交渉を重ねた末に、お互いが歩み寄りを見せて示談が成立した。 ［　↓　］

□ **3** 長引く梅雨と時期外れの台風によって野菜の価格は高投し、一般家庭の家計や飲食店の経営に打撃を与えた。 ［　↓　］

□ **4** 猛暑の今夏は、熱中症対索として普段から飲料水を持ち歩き、こまめに水分補給をするよう心がけている。 ［　↓　］

□ **5** 地価の高い一等地を避けて郊外に本社を移転する動きが加速して、都市の空堂化が急激に進行している。 ［　↓　］

□ **6** 交通量が多い幹線道路沿いに点在する住民の生活の静穏を確保するため、騒音を斜断する壁を設置した。 ［　↓　］

□ **7** 全国大会に出場する代表選手のために、往年の名投手も駆けつけて盛大な送行会が大広間で催された。 ［　↓　］

□ **8** 男性従業員による取得の促進を図るため、県内の中小企業に対する、育児休業賞励金制度が新設された。 ［　↓　］

□ **9** 和平交衝の結果、暫定的休戦という内容で合意に達したが、国連はそれを監督するための監視団を派遣した。

［　↓　］

□ **10** 一時は記念碑としての保存も検討されたが、倒壊・崩落の危険が高まり、結局は解体・廃規処分された。

［　↓　］

□ **11** 人間の体は太古の危餓時代に適応しており、飽食の現代でも栄養を消費より貯蔵に回すため、肥満が起こる。

［　↓　］

□ **12** 核兵器の排絶を目途として、世界各国から首脳が集まり会議が重ねられたが結論が出ないまま閉幕した。

［　↓　］

□ **13** 飲食店の開業に際して、必要な資金の半分は自分の貯蓄で賄い、もう半分は公的機関の誘資制度を活用した。

［　↓　］

□ **14** パスポート申制をする際は必要書類に漏れがないことを確認し、顔写真を持参してから出掛けるとよい。

［　↓　］

□ **15** 大型動物のなかには神経が線細で、隠れ場所を多く設けないと摂食障害や突然死などを起こすものもいる。

［　↓　］

□ **16** 少子高齢化が進み、共働き世帯や格家族が増えるなど、日本の伝統的な家族形態が徐々に変化しつつある。

［　↓　］

標準解答

1 液↓疫
2 障↓償
3 投↓騰
4 索↓策
5 堂↓洞
6 斜↓遮
7 送↓壮
8 賞↓奨
9 衝↓渉
10 規↓棄
11 危↓飢
12 排↓廃
13 誘↓融
14 制↓請
15 線↓繊
16 格↓核

1 **検疫《けんえき》**↓伝染病の検査などの予防措置。
3 **高騰《こうとう》**↓物の価格などが、高く上がること。
8 **奨励《しょうれい》**↓あることをするよう人に強く勧めること。
10 **廃棄《はいき》**↓不用なものとして捨てること。

点線で折り、解答を隠しても使えます！

四字熟語

目標時間
5分

あなたの学習の優先度は?
□A □B □C
使い方は20ページ

●次の［　］に漢字二字を入れて四字熟語を完成させよ。

□ 1 正真［　　］
うそ偽りがなく、本物であること。

□ 2 ［　　］万里
比較にならないほどの大きな差異。

□ 3 文人［　　］
詩や書画などにたずさわる人。

□ 4 ［　　］湯池
守りが非常に固く攻めにくい城。

□ 5 ［　　］奮闘
支援者のない中で懸命に努力する。

□ 6 ［　　］滅裂
言動などに一貫性がない様子。

□ 7 ［　　］後楽
先に心配事を片付け、後でたのしむこと。

□ 8 ［　　］休題
それはさておき。ところで。

□ 9 ［　　］万象
宇宙に存在するすべてのもの。

□ 10 読書［　　］
難しい書物も繰り返し読めば意味がわかる。

□ 11 ［　　］西走
四方八方を忙しく走りまわるさま。

□ 12 率先［　　］
先頭に立って手本となること。

□ 13 内憂［　　］
内にも外にも問題が多いこと。

□ 14 ［　　］妄想
自分の現状を過大評価し思い込むこと。

□ 15 質実［　　］
飾り気がなく心身ともにたくましいこと。

□ 16 飛花［　　］
世の中は常に移り変わっていく。

□ 17 良風［　　］
美しい風習や風俗。

□ 18 ［　　］環視
大勢の人が取りまいて見ている状態。

□ 19 要害［　　］
備えがしっかりしていること。

□ 20 延命［　　］
命をのばして無事でいること。

□ 21 ［　　］秀麗
顔立ちが美しい様子。特に男性に用いる言葉。

□ 22 ［　　］無人
勝手気ままに行動すること。周囲のことを考えず遠慮なしに振る舞うこと。

□ 23 ［　　］雑言
口にまかせてさんざんののしること。

□ 24 面目［　　］
世間に対して顔が立つこと。

□ 25 国士［　　］
国内で肩を並べる者がいないほど優れた人物。国内で最高の人物。

□ 26 情状［　　］
諸事情をくんで刑罰を軽くすること。

□ 27 ［　　］肉林
ぜいたくの限りを尽くした宴会。

標準解答

1 正真正銘《しょうしんしょうめい》
2 雲泥万里《うんでいばんり》
3 文人墨客《ぶんじんぼっかく》
4 金城湯池《きんじょうとうち》
5 孤軍奮闘《こぐんふんとう》
6 支離滅裂《しりめつれつ》
7 先憂後楽《せんゆうこうらく》
8 閑話休題《かんわきゅうだい》
9 森羅万象《しんらばんしょう》
10 読書百遍《どくしょひゃっぺん》
11 東奔西走《とうほんせいそう》
12 率先垂範《そっせんすいはん》
13 内憂外患《ないゆうがいかん》
14 誇大妄想《こだいもうそう》
15 質実剛健《しつじつごうけん》
16 飛花落葉《ひからくよう》
17 良風美俗《りょうふうびぞく》
18 衆人環視《しゅうじんかんし》
19 要害堅固《ようがいけんご》
20 延命息災《えんめいそくさい》
21 眉目秀麗《びもくしゅうれい》
22 傍若無人《ぼうじゃくぶじん》
23 悪口雑言《あっこうぞうごん》
24 面目躍如《めんもくやくじょ》
25 国士無双《こくしむそう》
26 情状酌量《じょうじょうしゃくりょう》
27 酒池肉林《しゅちにくりん》

点線で折り、解答を隠しても使えます！

覚えて得する「部首の意味」

部首にはそれぞれ固有の意味があります。そのため、部首が何か一見わかりづらい漢字の場合でも、漢字の意味を考えるとハッと思い当たることがあるものです。わからなくてもすぐあきらめず、意味を考えながら見てみましょう。

酉　とりへん

意味　酒に関することなどを表す

例　酷　酬　醜　酪　醸　酢　酔　酵

糸　いとへん

意味　糸に関することや小さく細かいことを表す

例　紡　織　縄　紳　緒　糾　縫　縛

穴　あなかんむり

意味　穴や掘って作った住居などを表す

例　窮　窯　窃　窒　突　窓　究　空

糸　いと

意味　糸に関することや小さく細かいことを表す

例　累　索　繭　緊　繁　紫　系　素

女　おんなへん

意味　女性や血縁に関することなどを表す

例　姻　嫌　嫡　媒　妊　娠　妃　姫

口　くちへん

意味　口に出して言うことや穴などを表す

例　嚇　喝　吟　唆　唯　喫　喚　吐

女　おんな

意味　女性や血縁に関することなどを表す

例　妥　妄　婆　威　姿　妻　委　女

口　くち

意味　口に出して言うことや穴などを表す

例　呉　嗣　唇　喪　呈　吏　哲　啓

2時間目

難易度Ⅱ

2時間目は試験で200点中135点を目指すレベルです。
合格するために必ず押さえるべき
漢字を収録しています。

2時間目

難易度Ⅱ

読み①

●次の――線の漢字の読みをひらがなで記せ。

□ 1 絶大な権力を擁して国を治める。

□ 2 資料に満遍なく目を通す。

□ 3 俊敏な新聞記者が集まった。

□ 4 相互の扶助を目的とし設立された。

□ 5 赤い鼻緒のげたを履く。

□ 6 初演では酷評を受けた曲だ。

□ 7 遮光のため、窓際によしずを置く。

□ 8 彼女は子どもに懇々と言い含めた。

□ 9 この日本酒は私が好きな銘柄だ。

□ 10 選手の激励のため壮行会を開く。

□ 11 国内の紡績業が活気を取り戻す。

□ 12 長きに及んだ交渉が妥結した。

□ 13 脚立にのぼってペンキを塗った。

□ 14 皇帝の地位が禅譲された。

□ 15 薦められた図書を注文する。

□ 16 寒さに堪えて冬の登山をする。

□ 17 古拙な味わいのある民芸品だ。

□ 18 親戚の家に居候している。

目標時間 3分

あなたの学習の優先度は？

□A □B □C

使い方は20ページ

□ 19 **格子**戸を開けて中庭を眺める。

□ 20 **偏狭**な考え方を指摘する。

□ 21 **老翁**が語る言い伝えを記録した。

□ 22 外交官が一時的に**召還**された。

□ 23 弁慶の**最期**を演じて好評を得る。

□ 24 子どもと**軟**らかいボールで遊ぶ。

□ 25 父は朝早く**釣**りに出かけた。

□ 26 友人の行方を懸命に**探索**する。

□ 27 古い資料なので**散逸**したようだ。

□ 28 端正な**面構**えで人気のある俳優だ。

□ 29 収入の一部を教育費に**充**てる。

□ 30 **凡庸**な作品ばかりで期待外れだ。

□ 31 **泥炭**を用いて資源の活用を図る。

□ 32 産卵のためサケが川を**遡上**する。

標準解答

1 よう
2 まんべん
3 しゅんびん
4 ふじょ
5 はなお
6 こくひょう
7 しゃこう
8 こんこん
9 めいがら
10 そうこう
11 ぼうせき
12 だけつ
13 きゃたつ
14 ぜんじょう
15 すす
16 た
17 こせつ
18 いそうろう
19 こうし
20 へんきょう
21 ろうおう
22 しょうかん
23 さいご
24 やわ
25 つ
26 たんさく
27 さんいつ
28 つらがま
29 あ
30 ぼんよう
31 でいたん
32 そじょう

4 **扶助**《ふじょ》→助けること。

8 **懇々**《こんこん》**と**→丁寧に繰り返し説く様子。

14 **禅譲**《ぜんじょう》→天子がその位を譲ること。

17 **古拙**《こせつ》→技巧的にはつたないが、古風で趣があること。

20 **偏狭**《へんきょう》→自分だけの考えにとらわれること。度量が小さいこと。

30 **凡庸**《ぼんよう》→平凡でこれといってとりえがないこと。

点線で折り、解答を隠しても使えます!

2時間目

難易度Ⅱ

読み②

目標時間
3分

あなたの学習の優先度は?
□A □B □C
使い方は20ページ

●次の――線の漢字の読みをひらがなで記せ。

□ 1 ご寛容頂けますと**幸甚**に存じます。

□ 2 毎日欠かさず新聞を**購読**する。

□ 3 全身マッサージで**忘我**の境に入る。

□ 4 来客の**衆寡**にかかわらず開店する。

□ 5 **建坪**から価格を割り出す。

□ 6 賊軍を征討せよとの**勅命**が下った。

□ 7 **汚泥**にまみれた人形を見つけた。

□ 8 概念を**狭義**に捉えて考察する。

□ 9 成分が変化すると黄色を**呈**する。

□ 10 諸国の**名刹**を訪ね歩く。

□ 11 小銭と**紙幣**で財布を分ける。

□ 12 法令順守の風土を**醸成**する。

□ 13 人口が減り駅前の商店街が**寂**れた。

□ 14 **数寄屋**を模した建物を図案にした。

□ 15 **謹啓**で書き始め、敬白で結ぶ。

□ 16 あの職人は**傲慢**だが腕は一流だ。

□ 17 作業の**進捗**状況を監督に報告する。

□ 18 冷夏で野菜の価格高騰が**顕著**だ。

□ 19 **稚拙**な文章で内容の理解に苦しむ。

□ 20 庭で摘んだ花を花びんに**挿**す。

□ 21 施設の跡地は**漠**として何もない。

□ 22 **弊社**の社長が伺います。

□ 23 彼は**憤然**として落ち着かない。

□ 24 全員が起立して校歌を**斉唱**した。

□ 25 彼は**俊才**として名が通っていた。

□ 26 **刃先**が丸いのが子ども用のはさみだ。

□ 27 バレリーナは柔軟な**肢体**をもつ。

□ 28 二つの案を**併**せて検討した。

□ 29 先生が**喝破**する声で我に返った。

□ 30 数奇な運命に**弄**ばれる。

□ 31 すでに原料が**枯渇**しつつある。

□ 32 重い荷物を**担**いで登山した。

標準解答

1 こうじん
2 こうどく
3 ぼうが
4 しゅうか
5 たてつぼ
6 ちょくめい
7 おでい
8 きょうぎ
9 てい
10 めいさつ
11 しへい
12 じょうせい
13 さび
14 すきや
15 きんけい
16 ごうまん
17 しんちょく
18 けんちょ
19 ちせつ
20 さ
21 ばく
22 へいしゃ
23 ふんぜん
24 せいしょう
25 しゅんさい
26 はさき
27 したい
28 あわ
29 かっぱ
30 もてあそ
31 こかつ
32 かつ

1 **幸甚**《こうじん》↓非常にありがたいこと。
3 **忘我**《ぼうが》↓夢中になって我を忘れること。
10 **名刹**《めいさつ》↓由緒ある有名な寺院。
14 **数寄屋**《すきや》↓庭などに建てた茶室。
16 **傲慢**《ごうまん》↓おごりたかぶって人を侮ること。
19 **稚拙**《ちせつ》↓幼稚で未熟なこと。
29 **喝破**《かっぱ》↓大声で叱ること。

2時間目

難易度Ⅱ

読み③

目標時間 3分

あなたの学習の優先度は？

□A □B □C

使い方は20ページ

●次の――線の漢字の読みをひらがなで記せ。

□ 1 折衷案を出すことで合意に至った。

□ 2 その寺は神々しい雰囲気だ。

□ 3 周辺国に対して力を顕示する。

□ 4 華道の作品には巧拙の差が出る。

□ 5 新しい閣僚の写真撮影が始まった。

□ 6 皆に宣言した約束を履行する。

□ 7 我が身を卑しめる言動を慎む。

□ 8 遷都構想は昔から議論されている。

□ 9 夏は綿と麻の混紡の背広を着る。

□ 10 工事現場で部下を督励する。

□ 11 道路が碁盤の目状に走っている。

□ 12 面当てに嫌みを言う。

□ 13 政治家と業者の癒着が発覚する。

□ 14 にわかには首肯し難い点がある。

□ 15 願い事を短冊にしたためた。

□ 16 エビは甲殻類である。

□ 17 還暦を迎え自己の境涯を振り返る。

□ 18 美醜を問わず人柄で判断する。

□ 19 汚職が発覚し、上司が**罷免**された。

□ 20 落とした財布を**血眼**になって捜す。

□ 21 **享楽**的な生活態度を改める。

□ 22 **一矢**報いる機会もなく惨敗した。

□ 23 田舎で**純朴**な子どもたちに出会う。

□ 24 成果を**謙遜**せず堂々と報告する。

□ 25 辺り一面に**霜柱**ができていた。

□ 26 ピアノと**弦楽**のための楽譜を探す。

□ 27 地鎮祭の**神酒**を用意する。

□ 28 筆に**墨汁**をたっぷりとつける。

□ 29 眠気で宿題が**全**くはかどらない。

□ 30 曖昧な態度に**業**を煮やした。

□ 31 **岩礁**の周りで水中観察をした。

□ 32 まことしやかに風説が**流布**した。

標準解答

1 せっちゅう
2 こうごう
3 けんじ
4 こうせつ
5 かくりょう
6 りこう
7 いや
8 せんと
9 こんぼう
10 とくれい
11 ごばん
12 つらあ
13 ゆちゃく
14 しゅこう
15 たんざく
16 こうかく
17 きょうがい
18 びしゅう
19 ひめん
20 ちまなこ
21 きょうらく
22 いっし
23 じゅんぼく
24 けんそん
25 しもばしら
26 げんがく
27 みき
28 ぼくじゅう
29 まった
30 ごう
31 がんしょう
32 るふ

1 **折衷**《せっちゅう》↓良い部分を合わせて一つにまとめること。
3 **顕示**《けんじ》↓はっきりと示すこと。
4 **巧拙**《こうせつ》↓上手なことと、下手なこと。
10 **督励**《とくれい》↓指図をして励ますこと。
14 **首肯**《しゅこう》↓うなずくこと。
17 **境涯**《きょうがい》↓一生の暮らし。
19 **罷免**《ひめん》↓職務をやめさせること。

点線で折り、解答を隠しても使えます!

2時間目

難易度Ⅱ

読み④

あなたの学習の優先度は?
□A □B □C
使い方は20ページ

●次の――線の漢字の読みをひらがなで記せ。

□ 1 聞いた歌を音楽ノートに採譜する。
□ 2 永遠の契りをかわした教会だ。
□ 3 ガラスを粉砕して再利用する。
□ 4 試合への闘志が沸々とわいてきた。
□ 5 昔からの悪弊は今でも存在する。
□ 6 工事の不備で道路が陥没した。
□ 7 冷たい態度がのちに禍根を残す。
□ 8 担当者は責任を取って潔く辞めた。
□ 9 入選者の秀逸な作品が並ぶ。
□ 10 滅菌処理をして清潔に保つ。
□ 11 切り傷が跡形もなく平癒した。
□ 12 見る者を圧倒する豪壮な建築だ。
□ 13 苦手を克服した生徒を褒める。
□ 14 放置自転車は甚だ迷惑だ。
□ 15 工夫を凝らした漆器が展示される。
□ 16 困り果てて窮余の一策を講ずる。
□ 17 試験問題の頻出傾向を調べる。
□ 18 機密事項につき披見を認めない。

□ 19 長年の使用でシャフトが**摩耗**した。［　　］

□ 20 **書棚**には数百冊もの本がある。［　　］

□ 21 先祖の**供養**で仏壇に花を供える。［　　］

□ 22 たんすの中の**反物**を整理した。［　　］

□ 23 政府が会見を開いて混乱を**鎮**める。［　　］

□ 24 酒を断って仏に**誓願**する。［　　］

□ 25 世の**安寧**を願って建立された寺だ。［　　］

□ 26 必要な欄に漏れなく**押印**した。［　　］

□ 27 課外授業で**沼沢**の生物を観察する。［　　］

□ 28 魚の**卵巣**をしょう油漬けにする。［　　］

□ 29 万年筆で原稿用紙の**升目**を埋める。［　　］

□ 30 **孤塁**から白旗の兵が出てきた。［　　］

□ 31 **惰弱**な心身を空手で克服した。［　　］

□ 32 漢詩の**韻律**を漢語発音で味わう。［　　］

標準解答

1 さいふ
2 ちぎ
3 ふんさい
4 ふつふつ
5 あくへい
6 かんぼつ
7 かこん
8 いさぎよ
9 しゅういつ
10 めっきん
11 へいゆ
12 ごうそう
13 ほ
14 はなは
15 しっき
16 きゅうよ
17 ひんしゅつ
18 ひけん
19 まもう
20 しょだな
21 くよう
22 たんもの
23 しず
24 せいがん
25 あんねい
26 おういん
27 しょうたく
28 らんそう
29 ますめ
30 こるい
31 だじゃく
32 いんりつ

5 **悪弊**《あくへい》→悪い習慣。

7 **禍根**《かこん》→災いのもと。

16 **窮余**《きゅうよ》→苦しまぎれ。

18 **披見**《ひけん》→文書や手紙などを開いて見ること。

24 **誓願**《せいがん》→仏や神に誓い、成就するように願うこと。

30 **孤塁**《こるい》→一つだけ残った、助けのないとりで。

点線で折り、解答を隠しても使えます!

2時間目

難易度Ⅱ

熟語の構成①

目標時間
2分

あなたの学習の優先度は?
□A □B □C
使い方は20ページ

●熟語の構成には、次のようなものがある。

ア 同じような意味の字を重ねたもの（例 岩石）
イ 反対または対応の意味を表す字を重ねたもの（例 高低）
ウ 上の字が下の字を修飾しているもの（例 洋画）
エ 下の字が上の字の目的語・補語になっているもの（例 着席）
オ 上の字が下の字の意味を打ち消しているもの（例 非常）

●次の熟語は右のア～オのどれにあたるか、一つ選んで記号を記せ。

□ 1 憧憬［　］
□ 2 彼我［　］
□ 3 不肖［　］
□ 4 汎用［　］
□ 5 真摯［　］
□ 6 解剖［　］
□ 7 興廃［　］
□ 8 放逐［　］
□ 9 徹夜［　］
□ 10 破戒［　］
□ 11 寛厳［　］
□ 12 遡行［　］

□ 13 不朽［　　］

□ 14 財閥［　　］

□ 15 籠城［　　］

□ 16 赦免［　　］

□ 17 毀誉［　　］

□ 18 傲慢［　　］

□ 19 叱責［　　］

□ 20 無粋［　　］

□ 21 雪渓［　　］

□ 22 未刊［　　］

□ 23 拙劣［　　］

□ 24 無為［　　］

□ 25 尚早［　　］

□ 26 不屈［　　］

□ 27 具備［　　］

□ 28 不穏［　　］

標準解答

1 ア 憧も憬も「あこがれる」の意
2 イ「相手（彼）」↕「自分（我）」
3 オ 似ていない。親に似ず愚かなこと
4 ウ「広く（汎）↓用いる」の意
5 ア 真も摯も「まじめ」の意
6 ア 解も剖も「ばらばらにする」の意
7 イ「興ること」↕「廃《すた》れること」
8 ア 放も逐も「おいはらう」の意
9 エ「徹する↑夜を」の意
10 エ「破る↑戒《いましめ》を」の意

11 イ「ゆるい（寛容）」↕「厳しい」
12 ウ「さかのぼって（遡）↓行く」の意
13 オ 朽ちることがないこと
14 ウ「金銭を扱う（財）↓一族」の意
15 エ「籠もる↑城に」の意
16 ア 赦も免も「まぬがれる」の意
17 イ「けなす（毀）」↕「ほめる（誉）」
18 ア 傲も慢も「おごる」の意
19 ア 叱も責も「とがめる」の意
20 オ 粋でないこと

21 ウ「雪が夏でも残っている↓谷（渓）」の意
22 オ 刊行していないこと
23 ア 拙も劣も「おとる」の意
24 オ な（為）すことがないこと
25 ウ「まだ（尚）↓早い」の意
26 オ 屈することがないこと
27 ア 具も備も「そなえる」の意
28 オ 穏やかでないこと

点線で折り、解答を隠しても使えます！

2時間目

難易度Ⅱ

熟語の構成②

目標時間
2分

あなたの学習の優先度は?
□A □B □C
使い方は20ページ

●**熟語の構成には、次のようなものがある。**

ア 同じような意味の字を重ねたもの（例 岩石）
イ 反対または対応の意味を表す字を重ねたもの（例 高低）
ウ 上の字が下の字を修飾しているもの（例 洋画）
エ 下の字が上の字の目的語・補語になっているもの（例 着席）
オ 上の字が下の字の意味を打ち消しているもの（例 非常）

●**次の熟語は右のア～オのどれにあたるか、一つ選んで記号を記せ。**

□ 1 弊風〔　〕
□ 2 違背〔　〕
□ 3 向背〔　〕
□ 4 画趣〔　〕
□ 5 充満〔　〕
□ 6 因果〔　〕
□ 7 隠蔽〔　〕
□ 8 貸借〔　〕
□ 9 勧奨〔　〕
□ 10 危惧〔　〕
□ 11 出廷〔　〕
□ 12 渉猟〔　〕

□ 13 誓詞〔　　〕

□ 14 施肥〔　　〕

□ 15 納涼〔　　〕

□ 16 寡少〔　　〕

□ 17 禁錮〔　　〕

□ 18 玩弄〔　　〕

□ 19 罷免〔　　〕

□ 20 叙任〔　　〕

□ 21 盲信〔　　〕

□ 22 繁閑〔　　〕

□ 23 払底〔　　〕

□ 24 出没〔　　〕

□ 25 痛快〔　　〕

□ 26 抹茶〔　　〕

□ 27 尊卑〔　　〕

□ 28 退廷〔　　〕

標準解答

1 ウ 「悪い(弊)↓風習」の意
2 ア 違も背も「そむく」の意
3 イ 「従う(向)」↕「背く」
4 ウ 「絵のような(画)↓趣」の意
5 ア 充も満も「みちる」の意
6 イ 「原因」↕「結果」
7 ア 隠も蔽も「かくす」の意
8 イ 「貸すこと」↕「借りること」
9 ア 勧も奨も「すすめる」の意
10 ア 危も惧も「おそれる」の意

11 エ 「出る↑(裁判のために)法廷に」の意
12 ウ 「歩き回り(渉)↓探し求める(猟)」の意
13 ウ 「誓いの↓言葉(詞)」の意
14 エ 「与える(施)↑肥料を」の意
15 エ 「とり入れる(納)↑涼しさを」の意
16 ア 寡も少も「少ない」の意
17 ア 禁も錮も「とじこめる」の意
18 ア 玩も弄も「もてあそぶ」の意
19 ア 罷も免も「やめさせる」の意
20 エ 「授ける(叙)↑任を」の意

21 ウ 「訳も分からず(盲)↓信じる」の意
22 イ 「忙しい(繁)」↕「暇な(閑)」
23 エ 「払う↑底を」の意
24 イ 「出現する」↕「隠れる(没)」
25 ウ 「いたく(痛)↓快い」の意
26 ウ 「すって粉末にした(抹)↓茶」の意
27 イ 「尊いこと」↕「卑しいこと」
28 エ 「退く↑法廷や朝廷を」の意

点線で折り、解答を隠しても使えます！

2時間目

難易度Ⅱ

送りがな

目標時間
3分

あなたの学習の優先度は?
□A □B □C
使い方は20ページ

●次の――線のカタカナを漢字一字と送りがな（ひらがな）で記せ。

□ 1 アツカマシイ願いを聞き入れる。〔　　〕

□ 2 ツチカッテきた実力を発揮する。〔　　〕

□ 3 見知らぬ人の行動をアヤシム。〔　　〕

□ 4 恒例の夏祭りで、みこしをカツグ。〔　　〕

□ 5 台風の接近で帰宅をウナガシタ。〔　　〕

□ 6 鳴り響いた携帯をアワテテとる。〔　　〕

□ 7 不規則な生活で健康をソコナウ。〔　　〕

□ 8 廃線の駅舎が次第にクチル。〔　　〕

□ 9 降り続く雨で街がケムッている。〔　　〕

□ 10 満天の星をナガメル。〔　　〕

□ 11 現代の風潮をナゲカワシク思う。〔　　〕

□ 12 外食が続いて栄養がカタヨル。〔　　〕

□ 13 注意をオコタルとけがの元になる。〔　　〕

□ 14 手土産をタズサエテ旧友を訪ねる。〔　　〕

□ 15 白菜をツケテおしんこにする。〔　　〕

□ 16 上司からの食事の誘いをコバム。〔　　〕

□ 17 姉がトツグ家は酒屋を営んでいる。〔　　〕

□ 18 皇太子に王位をユズル。〔　　〕

19 人がイヤガル作業を進んでやる。

20 道のカタワラに花が咲いている。

21 新しい任地へとオモムイた。

22 頓服薬で痛みをヤワラゲル。

23 厳しい校則をユルメル。

24 言葉巧みに人をアザムク。

25 趣向をコラシた演出に感動した。

26 他人の個人情報をモラシた。

27 生ゴミを放っておいたのでクサイ。

28 息を吹き込んで、風船がフクラム。

29 年齢とともに体力がオトロエる。

30 両者の意見はヘダタッテいる。

31 申し込みはスデニ締め切られた。

32 円高でハナハダシイ損害を被った。

標準解答

1 厚かましい
2 培って
3 怪しむ
4 担ぐ
5 促した
6 慌てて
7 損なう
8 朽ちる
9 煙っ
10 眺める
11 嘆かわしく
12 偏る
13 怠る
14 携えて
15 漬けて
16 拒む
17 嫁ぐ
18 譲る
19 嫌がる
20 傍ら
21 赴い
22 和らげる
23 緩める
24 欺く
25 凝らし
26 漏らし
27 臭い
28 膨らむ
29 衰え
30 隔たって
31 既に
32 甚だしい

点線で折り、解答を隠しても使えます!

2時間目

難易度Ⅱ

同音・同訓異字

目標時間 4分

あなたの学習の優先度は？

□A □B □C

使い方は20ページ

●次の——線のカタカナを漢字に直せ。

□ 1 荒野をカイコンして農地にする。〔　〕

□ 2 カイコンの情にさいなまれる。〔　〕

□ 3 ひどい出来映えにヘイコウした。〔　〕

□ 4 ヘイコウ感覚が優れた体操選手だ。〔　〕

□ 5 友人のホンソウに参列する。〔　〕

□ 6 大切な仕事に日夜ホンソウする。〔　〕

□ 7 大成してもケンキョさを忘れるな。〔　〕

□ 8 犯罪ケンキョ率は世界でも有数だ。〔　〕

□ 9 スイソウの中の魚を観察する。〔　〕

□ 10 スイソウ楽の演奏に聴き入る。〔　〕

□ 11 シモンから犯人が特定された。〔　〕

□ 12 税制改革についてシモンする。〔　〕

□ 13 アラい砂でできた海岸が広がる。〔　〕

□ 14 温厚な性格だが、運転はアラい。〔　〕

□ 15 キュウセイのまま仕事を続ける。〔　〕

□ 16 師のキュウセイに嘆き悲しむ。〔　〕

□ 17 雨漏りのする屋根をフシンする。〔　〕

□ 18 敷地内でフシン者を見かけた。〔　〕

□ 19 晴れの日が続き空気がカワく。〔　〕

□ 20 激しい運動をして喉がカワく。〔　〕

21 平日の公園はカンサンとしている。
22 円を現地通貨にカンサンする。
23 悲話が心のキンセンに触れる。
24 紛争をキンセンで解決する。
25 輸入品のケンエキを強化する。
26 業界の既得ケンエキを固守する。
27 国が農家に養蚕をショウレイする。
28 この病気のショウレイは珍しい。

29 昇進、出産とケイジが重なる。
30 啓発のポスターをケイジする。
31 王位ケイショウの争いが起きた。
32 自然からのケイショウともいえる。
33 首相カンテイ前で記者会見を行う。
34 カンテイの甲板で毎朝点呼を行う。
35 多くのセンパクが往来する海峡だ。
36 彼の考えはあまりにもセンパクだ。

標準解答

1 開墾
2 悔恨
3 閉口
4 平衡
5 本葬
6 奔走
7 謙虚
8 検挙
9 水槽
10 吹奏
11 指紋
12 諮問
13 粗
14 荒
15 旧姓
16 急逝
17 普請
18 不審
19 乾
20 渇
21 閑散
22 換算
23 琴線
24 金銭
25 検疫
26 権益
27 奨励
28 症例
29 慶事
30 掲示
31 継承
32 警鐘
33 官邸
34 艦艇
35 船舶
36 浅薄

2 悔恨《かいこん》→過ちを後悔して残念に思うこと。
7 謙虚《けんきょ》→控えめで、つつましいこと。
17 普請《ふしん》→家を建てたり修理したりすること。
23 琴線《きんせん》→物事を感じやすい心情。
29 慶事《けいじ》→祝い事。
36 浅薄《せんぱく》→物の考え方や見方に深みが足りない様子。

点線で折り、解答を隠しても使えます!

2時間目

難易度Ⅱ

書き取り①

●次の——線のカタカナを漢字に直せ。

□ 1 亀が浜辺でコウラを乾かす。
□ 2 昔ながらの風習がスタれる。
□ 3 校庭のスミで野菜を育てる。
□ 4 神社でホウノウ相撲が行われる。
□ 5 偉人のイツワが集められた本だ。
□ 6 古くなったケイコウ灯を交換する。
□ 7 気温が下がりシモバシラが立った。
□ 8 妙技で観客をミリョウする。
□ 9 ナスのシュビョウをわけてもらう。
□ 10 難しい問題を一時タナアげにする。
□ 11 城を囲む石垣をフシンする。
□ 12 チョウメイな青空が広がる。
□ 13 衝動にカられて旅に出た。
□ 14 自然をイツクしむ心をもち続ける。
□ 15 地元の国立大学をネラっている。
□ 16 庭仕事をしてカに刺される。
□ 17 単語のラレツで意味が通じない。
□ 18 日照りが続き水源がカッする。
□ 19 犯した罪を一生をかけてツグナう。
□ 20 スいも甘いもかみ分ける。

目標時間 **4分**

あなたの学習の優先度は?
□A □B □C
使い方は20ページ

21 忘れ物を取りに家にモドった。

22 前言をヒルガエして反対に回る。

23 旅先でゲンソウ的な風景に出合う。

24 本物にコクジしている偽物だ。

25 おつかいのホウビに菓子を与える。

26 予選で思わぬ敗北をキッした。

27 祖父はボンサイの手入れが趣味だ。

28 先に手を打つことがカンヨウだ。

29 サイゲツ人を待たず。

30 消費者のコウバイ意欲を高める。

31 オドしに屈せず自説を堅持する。

32 ユカイな話に皆の気持ちが和んだ。

33 国内では彼にヒケンする者がない。

34 病状に回復のキザしが見られる。

35 コウリョウとした大海原が広がる。

36 オヤユズりの商才を発揮する。

標準解答

1 甲羅
2 廃
3 隅
4 奉納
5 逸話
6 蛍光
7 霜柱
8 魅了
9 種苗
10 棚上
11 普請
12 澄明
13 駆
14 慈
15 狙
16 蚊
17 羅列
18 渇
19 償
20 酸
21 戻
22 翻
23 幻想
24 酷似
25 褒美
26 喫
27 盆栽
28 肝要
29 歳月
30 購買
31 脅
32 愉快
33 比肩
34 兆
35 荒涼
36 親譲

点線で折り、解答を隠しても使えます！

2時間目

難易度Ⅱ

書き取り②

目標時間 4分

あなたの学習の優先度は？
□A □B □C
使い方は20ページ

●次の――線のカタカナを漢字に直せ。

□ 1 空梅雨のためカッスイの危機だ。

□ 2 バンセツを全うする。

□ 3 トウジョウロで飛行機を待つ。

□ 4 ガンコだが人情に厚い人物だ。

□ 5 赤ん坊のウブゴエが聞こえる。

□ 6 麻薬取引をミズギワで食い止めた。

□ 7 下手なサルシバイを演じる。

□ 8 ゾウオの感情が顔に出る。

□ 9 若者らしいハキが感じられない。

□ 10 経費サクゲンが厳しさを増す。

□ 11 知事は競技場のユウチを決定した。

□ 12 万事、イロウなく取り計らう。

□ 13 古くから続く商家にトツいだ。

□ 14 今年の新入社員はツラ構えがよい。

□ 15 イサイを放つ個性的な画家だ。

□ 16 蚕の繭から生糸をツムぐ。

□ 17 ツツシんでおわび申し上げます。

□ 18 凶作が続いてキガに苦しむ。

□ 19 アワてて食事の支度をする。

□ 20 夜空に無数の星がマタタく。

21 債務の返済がトドコオっている。

22 テブクロをして寒さをしのぐ。

23 師匠のクントウを受ける。

24 久々の晴れ間でセンタクに励んだ。

25 努力の成果がニョジツに出ている。

26 疲れたのでキッサ店で休憩する。

27 めまいがしてヘイコウ感覚を失う。

28 おキョウが長いので足がしびれた。

29 多くの問題をホウカツして考える。

30 ショウコりもなく悪行を繰り返す。

31 新興企業の株価がキュウトウする。

32 法事で僧へのおフセを包む。

33 ケンアン事項を迅速に解決した。

34 意見が割れ会議がフンキュウした。

35 コショウの水質を保全する。

36 ショクタク職員として雇用する。

標準解答

1 渇水
2 晩節
3 搭乗
4 頑固
5 産声
6 水際
7 猿芝居
8 憎悪
9 覇気
10 削減
11 誘致
12 遺漏
13 嫁
14 面
15 異彩
16 紡
17 謹
18 飢餓
19 慌
20 瞬
21 滞
22 手袋
23 薫陶
24 洗濯
25 如実
26 喫茶
27 平衡
28 経
29 包括
30 性懲
31 急騰
32 布施
33 懸案
34 紛糾
35 湖沼
36 嘱託

点線で折り、解答を隠しても使えます!

2時間目

難易度Ⅱ

書き取り③

目標時間
4分

あなたの学習の優先度は？
□A □B □C
使い方は20ページ

●次の――線のカタカナを漢字に直せ。

□ 1 音の強弱をガクフに書き込む。

□ 2 角をタめて牛を殺す。

□ 3 売り上げのルイケイを記入する。

□ 4 タクエツした才能に感嘆する。

□ 5 彼が職場のフンイキを変えた。

□ 6 カヌーでケイリュウを下った。

□ 7 発想のテンカンが必要だ。

□ 8 エリモトにブローチを飾る。

□ 9 彼は一人、コクウを見つめていた。

□ 10 オウベイ型の食生活が浸透する。

□ 11 父の趣味は俳句をヨむことだ。

□ 12 同じアヤマちを懲りずに繰り返す。

□ 13 ドウサツカが鋭い刑事だ。

□ 14 高位に就くことをカツボウする。

□ 15 分けヘダてなく部下に接する。

□ 16 イまわしい光景が脳裏に浮かぶ。

□ 17 契約書に署名してオウインした。

□ 18 思う存分食べてハラツヅミを打つ。

□ 19 寺の住職は実にジヒ深い人だ。

□ 20 土なべでタいたご飯は、一味違う。

21 カメは甲羅を触ると首を隠す。

22 政敵のカイジュウに成功した。

23 駐車場内ではジョコウ運転する。

24 ミサキの灯台が船の航行を助ける。

25 ジュウナンな対応が必要だ。

26 仕事のカタワら資格取得に励む。

27 聞くのもケガらわしい話だ。

28 鍛錬を積んで腕をミガく。

29 戦地でソウレツな最期を遂げた。

30 大使をキヒン席に案内する。

31 重要な案件を有識者にシモンする。

32 彼は四か国語をタクみに操る。

33 ケイコウとなるも牛後となるなかれ。

34 試験を来週にヒカえて猛勉強中だ。

35 友人の家にイソウロウする。

36 合格は日々の努力のケッショウだ。

標準解答

1 楽譜
2 矯
3 累計
4 卓越
5 雰囲気
6 渓流
7 転換
8 襟元
9 虚空
10 欧米
11 詠
12 過
13 洞察
14 渇望
15 隔
16 忌
17 押印
18 腹鼓
19 慈悲
20 炊
21 亀
22 懐柔
23 徐行
24 岬
25 柔軟
26 傍
27 汚
28 磨
29 壮烈
30 貴賓
31 諮問
32 巧
33 鶏口
34 控
35 居候
36 結晶

点線で折り、解答を隠しても使えます!

2時間目

難易度Ⅱ

対義語・類義語①

目標時間 5分

あなたの学習の優先度は?
□A □B □C
使い方は20ページ

●次の□の中の語を一度だけ使って漢字に直し、対義語・類義語を記せ。

対義語

□ 1 永遠〔　　〕
□ 2 畏敬〔　　〕
□ 3 枯渇〔　　〕
□ 4 受諾〔　　〕

類義語

□ 5 受胎〔　　〕
□ 6 解雇〔　　〕
□ 7 是認〔　　〕
□ 8 削除〔　　〕

きょひ・こうてい・せつな・にんしん・ひめん・ぶべつ・まっしょう・ゆうしゅつ

対義語

□ 9 謙虚〔　　〕
□ 10 興隆〔　　〕
□ 11 蓄積〔　　〕
□ 12 希薄〔　　〕

類義語

□ 13 屋敷〔　　〕
□ 14 歳月〔　　〕
□ 15 平穏〔　　〕
□ 16 適切〔　　〕

あんねい・こういん・しょうもう・すいび・そんだい・だとう・ていたく・のうこう

対義語

□ 17 借用〔　　〕
□ 18 下落〔　　〕
□ 19 栄転〔　　〕
□ 20 模倣〔　　〕

類義語

□ 21 翼下〔　　〕
□ 22 重病〔　　〕
□ 23 核心〔　　〕
□ 24 学識〔　　〕

させん・さんか・ぞうけい・たいかん・ちゅうすう・とうき・どくそう・へんさい

対義語

□ 25 賛辞〔　　〕
□ 26 拡散〔　　〕
□ 27 愛護〔　　〕
□ 28 終局〔　　〕

類義語

□ 29 安値〔　　〕
□ 30 強壮〔　　〕
□ 31 一瞬〔　　〕
□ 32 面倒〔　　〕

がんけん・ぎゃくたい・ぎょうしゅく・こくひょう・せつな・ほったん・やっかい・れんか

標準解答

1 刹那《せつな》
2 侮蔑《ぶべつ》
3 湧出《ゆうしゅつ》
4 拒否《きょひ》
5 妊娠《にんしん》
6 罷免《ひめん》
7 肯定《こうてい》
8 抹消《まっしょう》
9 尊大《そんだい》
10 衰微《すいび》
11 消耗《しょうもう》
12 濃厚《のうこう》
13 邸宅《ていたく》
14 光陰《こういん》
15 安寧《あんねい》
16 妥当《だとう》
17 返済《へんさい》
18 騰貴《とうき》
19 左遷《させん》
20 独創《どくそう》
21 傘下《さんか》
22 大患《たいかん》
23 中枢《ちゅうすう》
24 造詣《ぞうけい》
25 酷評《こくひょう》
26 凝縮《ぎょうしゅく》
27 虐待《ぎゃくたい》
28 発端《ほったん》
29 廉価《れんか》
30 頑健《がんけん》
31 刹那《せつな》
32 厄介《やっかい》

1・31 刹那《せつな》→きわめて短い時間。
18 騰貴《とうき》→物価や相場が高くなること。
19 左遷《させん》→今よりも低い地位や官職におとすこと。
24 造詣《ぞうけい》→知識の深さや優れた技量。
25 酷評《こくひょう》→手厳しく批評すること。
27 虐待《ぎゃくたい》→残酷な扱いをすること。

点線で折り、解答を隠しても使えます!

2時間目

難易度Ⅱ

対義語・類義語②

目標時間 5分

あなたの学習の優先度は？
□A □B □C
使い方は20ページ

●次の□の中の語を一度だけ使って漢字に直し、対義語・類義語を記せ。

対義語

□ 1 採用［　　］
□ 2 厳格［　　］
□ 3 混乱［　　］
□ 4 分割［　　］

類義語

□ 5 絶壁［　　］
□ 6 卓抜［　　］
□ 7 遺恨［　　］
□ 8 寄与［　　］

いっかつ・おんねん・かいこ・かんよう・けっしゅつ・こうけん・だんがい・ちつじょ

対義語

□ 9 設置［　　］
□ 10 不足［　　］
□ 11 秘匿［　　］
□ 12 凡才［　　］

類義語

□ 13 頑健［　　］
□ 14 省略［　　］
□ 15 漂泊［　　］
□ 16 忘我［　　］

いつざい・かじょう・かつあい・きょうそう・てっきょ・とうすい・ばくろ・るろう

いかん・げんしゅく・せっしょう・そぼう・ちゅうすう・びんぼう・もほう・ゆいしょ

対義語

□ 17 独創［　　］

□ 18 温和［　　］

□ 19 末端［　　］

□ 20 裕福［　　］

類義語

□ 21 荘重［　　］

□ 22 来歴［　　］

□ 23 残念［　　］

□ 24 談判［　　］

おうだく・きんべん・こんい・じょうじゅ・ちんぷ・ひろう・ひんきゅう・ぼうかん

対義語

□ 25 富裕［　　］

□ 26 拒絶［　　］

□ 27 怠惰［　　］

□ 28 新奇［　　］

類義語

□ 29 親密［　　］

□ 30 公表［　　］

□ 31 座視［　　］

□ 32 完遂［　　］

標準解答

1 解雇《かいこ》
2 寛容《かんよう》
3 秩序《ちつじょ》
4 一括《いっかつ》
5 断崖《だんがい》
6 傑出《けっしゅつ》
7 怨念《おんねん》
8 貢献《こうけん》
9 撤去《てっきょ》
10 過剰《かじょう》
11 暴露《ばくろ》
12 逸材《いつざい》
13 強壮《きょうそう》
14 割愛《かつあい》
15 流浪《るろう》
16 陶酔《とうすい》
17 模倣《もほう》
18 粗暴《そぼう》
19 中枢《ちゅうすう》
20 貧乏《びんぼう》
21 厳粛《げんしゅく》
22 由緒《ゆいしょ》
23 遺憾《いかん》
24 折衝《せっしょう》
25 貧窮《ひんきゅう》
26 応諾《おうだく》
27 勤勉《きんべん》
28 陳腐《ちんぷ》
29 懇意《こんい》
30 披露《ひろう》
31 傍観《ぼうかん》
32 成就《じょうじゅ》

17 模倣《もほう》→他のものをまねること、似せること。

18 粗暴《そぼう》→乱暴で動作などがあらあらしいこと。

26 応諾《おうだく》→人の頼みを引き受けること。

28 陳腐《ちんぷ》→新しさがなく、ありふれていること。

点線で折り、解答を隠しても使えます!

2時間目

難易度Ⅱ

誤字訂正

目標時間
5分

あなたの学習の優先度は?
□A □B □C
使い方は20ページ

●次の各文に間違って使われている同じ音訓の漢字が一字ある。上に誤字を、下に正しい漢字を記せ。

□ 1 細菌の侵入を措止するため、外出後は手洗いとうがいを徹底し洗濯物は屋外に干さないようにしている。 [　　↓　　]

□ 2 外国を拠点にした犯罪組織により擬造通貨が製造されたというニュースが新聞やテレビで話題になっている。 [　　↓　　]

□ 3 炭水化物や脂肪などは必須の栄養素だが、健康を維持するための適正な量があり、過状に摂取すべきでない。 [　　↓　　]

□ 4 契約にそった履行を求めた訴証で、裁判所は原告の主張を認めて金員の支払いを命じる判決を下した。 [　　↓　　]

□ 5 夏のボーナス商戦に向けて、携帯電話各社は新機能を登載した機種を続々と発表し、市場がにぎわっている。 [　　↓　　]

□ 6 突然の工場建設受け入れ発表に市民から抗議の電話が殺到したため、市長は前言を徹回して非をわびた。 [　　↓　　]

□ 7 身近な湖沼や河川に無数に生息する小さな生物の姿を観察するには、検微鏡を用いるのが最適だ。 [　　↓　　]

□ 8 踏切事故で電車が遅延していたが、時間に余遊を持って出発したので待ち合わせ時刻に遅れずに済んだ。 [　　↓　　]

□ **9** 地域社会への更献を社是とする企業は多いが、調査によりその大半が真剣に取り組んでいることが判明した。

［　　↓　　］

□ **10** 敵の圧倒的な攻撃にも屈せず、勝利を目指して立ち向かう姿勢に、観客全員が深い感命を受け、応援した。

［　　↓　　］

□ **11** 歳入の大幅な増加が見込めない以上、無駄を搾減することが財政赤字縮小のための喫緊の課題といえる。

［　　↓　　］

□ **12** 船体の故障により沈没の可能性が高まったので意図的な座床を余儀なくされたが、幸い犠牲者は出なかった。

［　　↓　　］

□ **13** その歴史上の汚職に関する膨大な文件や調査資料を渉猟し、遂に長年の謎とされてきた犯人を突き止めた。

［　　↓　　］

□ **14** 熱中症の予防には、少量ずつ賓繁に水分を補給して、体内温度の上昇を抑制する工夫が必要である。

［　　↓　　］

□ **15** 高圧的な客にも誠心誠意、尽速かつ丁寧に対応すれば、不条理な態度を改め、好意的な評判を広めてくれる。

［　　↓　　］

□ **16** 日本の清酒は主に米から、中国の紹興酒は米と麦から造られる蒸造酒だが、その製法は大きく異なる。

［　　↓　　］

標準解答

1 措↓阻
2 擬↓偽
3 状↓剰
4 証↓訟
5 登↓搭
6 徹↓撤
7 検↓顕
8 遊↓裕
9 更↓貢
10 命↓銘
11 搾↓削
12 床↓礁
13 件↓献
14 賓↓頻
15 尽↓迅
16 蒸↓醸

10 感銘《かんめい》↓忘れられないほど感動すること。
12 座《ざ》礁《しょう》↓船が暗礁や浅瀬に乗り上げて、動けなくなること。
15 迅速《じんそく》↓行動などが非常にすばやいこと。
16 醸造《じょうぞう》↓発酵作用を応用して酒などをつくること。

点線で折り、解答を隠しても使えます!

四字熟語①

目標時間
5分

あなたの学習の優先度は?
□A □B □C
使い方は20ページ

●次の［　］に漢字二字を入れて四字熟語を完成させよ。

□ 1 深山［　　］
人里離れた静かな自然。

□ 2 天衣［　　］
飾りけがなく自然なこと。

□ 3 ［　　］自在
他人を自分の思いのままに扱うこと。

□ 4 ［　　］整然
話や考えの筋道がよく通っていること。

□ 5 ［　　］迅雷
行動がすばやく激しい様子。

□ 6 ［　　］無援
ひとりぼっちで頼るものがないこと。

□ 7 ［　　］無恥
ずうずうしくて恥知らずなさま。

□ 8 自縄［　　］
自分の言動により動きがとれなくなること。

□ 9 群雄［　　］
多くの実力者が互いに対立しあうこと。

□ 10 初志［　　］
初めの志を最後までつらぬき通すこと。

□ 11 ［　　］徹底
世間に広く知れわたるようにすること。

□ 12 ［　　］来復
悪運が続いたあと幸運に向かうこと。

□ 13 ［　　］濫造
不良品をやたら多くつくること。

□ 14 白砂［　　］
美しい海岸の景色。

□ 15 時期［　　］
ある事を行う時期にはまだなっていないこと。

□ 16 ［　　］丁寧
非常に親切で、細かいところまでよく気を回してあること。

□ 17 ［　　］行賞
手柄に応じた賞を与えること。

□ 18 ［　　］自若
落ち着きはらって物事に動じない様子。

□ 19 春日［　　］
春の日が長く、暮れるのが遅い様子。

□ 20 快刀［　　］
こじれた物事を手ぎわよく解決すること。

□ 21 ［　　］夢死
何もせず生涯をぼんやり過ごすこと。

□ 22 ［　　］潔白
心や行いがきれいで正しいこと。

□ 23 ［　　］済民
世の中を治めて、人々を苦しみから救うこと。

□ 24 二律［　　］
対立する二つのことが同等に主張される様子。

□ 25 一子［　　］
秘伝を自分の子どもの一人だけにひそかに伝えていくこと。

□ 26 複雑［　　］
事情が入り組んでいて分かりにくいこと。

□ 27 ［　　］強記
書物に親しみ、知識が豊富なこと。

標準解答

1 深山幽谷《しんざんゆうこく》
2 天衣無縫《てんいむほう》
3 活殺自在《かっさつじざい》
4 理路整然《りろせいぜん》
5 疾風迅雷《しっぷうじんらい》
6 孤立無援《こりつむえん》
7 厚顔無恥《こうがんむち》
8 自縄自縛《じじょうじばく》
9 群雄割拠《ぐんゆうかっきょ》
10 初志貫徹《しょしかんてつ》
11 周知徹底《しゅうちてってい》
12 一陽来復《いちようらいふく》
13 粗製濫造《そせいらんぞう》
14 白砂青松《はくしゃせいしょう》
15 時期尚早《じきしょうそう》
16 懇切丁寧《こんせつていねい》
17 論功行賞《ろんこうこうしょう》
18 泰然自若《たいぜんじじゃく》
19 春日遅遅《しゅんじつちち》
20 快刀乱麻《かいとうらんま》
21 酔生夢死《すいせいむし》
22 清廉潔白《せいれんけっぱく》
23 経世済民《けいせいさいみん》・経国済民《けいこくさいみん》
24 二律背反《にりつはいはん》
25 一子相伝《いっしそうでん》
26 複雑多岐《ふくざつたき》
27 博覧強記《はくらんきょうき》・博聞強記《はくぶんきょうき》

点線で折り、解答を隠しても使えます!

四字熟語②

目標時間
5分

あなたの学習の優先度は？
□A □B □C
使い方は20ページ

●次の［　　］に漢字二字を入れて四字熟語を完成させよ。

□ 1 生者［　　］
生きているものはかならず死ぬということ。

□ 2 大言［　　］
おおげさに言うこと。また、その言葉。

□ 3 ［　　］満面
うれしさが顔中にあふれるさま。

□ 4 ［　　］必衰
勢いのさかんな者もいつか衰えるということ。

□ 5 大願［　　］
大きな望みがかなうこと。

□ 6 ［　　］末節
本質からはずれた、ささいなこと。

□ 7 ［　　］薄命
美人はとかく短命で不運であること。

□ 8 ［　　］奪胎
外形は同じままで中身を取りかえること。

□ 9 朝令［　　］
命令がよく変わって一定ではないこと。

□ 10 鼓舞［　　］
盛んにふるいたたせ元気づけること。

□ 11 ［　　］一声
大声でどなりつけること。

□ 12 ［　　］不抜
我慢強く耐えて、志を変えないこと。

□ 13 ［　　］不落
攻めにくくなかなか陥落しないこと。

□ 14 ［　　］雨読
田園でのんびりとした生活をすること。

□ 15 粉骨［　　］
全力を尽くして努力すること。

□ 16 空空［　　］
↳果てしのない広い様子。

□ 17 金科［　　］
↳このうえなく大切にし、絶対的なよりどころとする規律や法律。

□ 18 合従［　　］
↳利害に応じて団結したり離れたりすること。

□ 19 小心［　　］
↳気が小さいこと。不安でおびえている様子。

□ 20 竜頭［　　］
↳初めは勢いがよいが、終わりは振るわないこと。

□ 21 ［　　］非才
↳学識が浅く才能に乏しいこと。

□ 22 当意［　　］
↳状況に応じてすばやく機転をきかせること。

□ 23 ［　　］水明
↳自然の景観が清らかで美しいこと。

□ 24 ［　　］令色
↳愛想のよいことを言ったり、顔色をつくろって人にこびへつらうこと。

□ 25 ［　　］亡羊
↳方針が多く、どれを選ぶべきか迷って困ること。

□ 26 失望［　　］
↳当てがはずれ非常にがっかりすること。

□ 27 西方［　　］
↳仏教で、西の果てにあると言われる苦しみのない安楽な世界。

標準解答

1 生《しょう》者《じゃ》必《ひつ》滅《めつ》
2 大《たい》言《げん》壮《そう》語《ご》
3 喜《き》色《しょく》満《まん》面《めん》
4 盛《じょう》者《しゃ》必《ひっ》衰《すい》
5 大《たい》願《がん》成《じょう》就《じゅ》
6 枝《し》葉《よう》末《まっ》節《せつ》
7 美《び》人《じん》薄《はく》命《めい》・佳《か》人《じん》薄《はく》命《めい》
8 換《かん》骨《こつ》奪《だっ》胎《たい》
9 朝《ちょう》令《れい》暮《ぼ》改《かい》
10 鼓《こ》舞《ぶ》激《げき》励《れい》
11 大《だい》喝《かつ》一《いっ》声《せい》
12 堅《けん》忍《にん》不《ふ》抜《ばつ》
13 難《なん》攻《こう》不《ふ》落《らく》・南《なん》山《ざん》不《ふ》落《らく》
14 晴《せい》耕《こう》雨《う》読《どく》
15 粉《ふん》骨《こつ》砕《さい》身《しん》
16 空《くう》空《くう》漠《ばく》漠《ばく》
17 金《きん》科《か》玉《ぎょく》条《じょう》
18 合《がっ》従《しょう》連《れん》衡《こう》
19 小《しょう》心《しん》翼《よく》翼《よく》
20 竜《りゅう》頭《とう》蛇《だ》尾《び》
21 浅《せん》学《がく》非《ひ》才《さい》
22 当《とう》意《い》即《そく》妙《みょう》
23 山《さん》紫《し》水《すい》明《めい》
24 巧《こう》言《げん》令《れい》色《しょく》
25 多《た》岐《き》亡《ぼう》羊《よう》
26 失《しっ》望《ぼう》落《らく》胆《たん》
27 西《さい》方《ほう》浄《じょう》土《ど》

点線で折り、解答を隠しても使えます！

特別な読み方

漢字の訓読みには、特殊な読み方をするものがあります。たとえば「雪」一字の訓読みは「ゆき」ですが、「吹雪」と書くと「ふぶき」、「雪崩」と書くと「なだれ」と読みます。このように、中学までに習う特殊な訓読み（熟字訓・当て字）の語を下記にまとめました。確実に読めるようにしておきましょう。

- ●明日（あす）
- ●小豆（あずき）
- ●硫黄（いおう）
- ●意気地（いくじ）
- ●田舎（いなか）
- ●海原（うなばら）
- ●乳母（うば）
- ●浮つく（うわつく）
- ●笑顔（えがお）
- ●叔父・伯父（おじ）
- ●大人（おとな）
- ●乙女（おとめ）
- ●叔母・伯母（おば）
- ●お巡りさん（おまわりさん）
- ●風邪（かぜ）
- ●仮名（かな）
- ●為替（かわせ）
- ●果物（くだもの）

- ●心地（ここち）
- ●早乙女（さおとめ）
- ●差し支える（さしつかえる）
- ●五月（さつき）
- ●早苗（さなえ）
- ●五月雨（さみだれ）
- ●時雨（しぐれ）
- ●竹刀（しない）
- ●芝生（しばふ）
- ●三味線（しゃみせん）
- ●砂利（じゃり）
- ●白髪（しらが）
- ●相撲（すもう）
- ●草履（ぞうり）
- ●太刀（たち）
- ●立ち退く（たちのく）
- ●足袋（たび）
- ●梅雨（つゆ）

- ●凸凹（でこぼこ）
- ●名残（なごり）
- ●雪崩（なだれ）
- ●博士（はかせ）
- ●二十・二十歳（はたち）
- ●波止場（はとば）
- ●日和（ひより）
- ●吹雪（ふぶき）
- ●迷子（まいご）
- ●土産（みやげ）
- ●息子（むすこ）
- ●紅葉（もみじ）
- ●木綿（もめん）
- ●最寄り（もより）
- ●八百屋（やおや）
- ●大和（やまと）
- ●行方（ゆくえ）
- ●若人（わこうど）

3時間目

難易度Ⅲ

３時間目は試験で200点中150点を目指すレベルです。
合格範囲内の160点まであと少しです。
気合いを入れてがんばりましょう。

3時間目

難易度Ⅲ

読み①

目標時間 3分

あなたの学習の優先度は?

□A □B □C

使い方は20ページ

●次の――線の漢字の読みをひらがなで記せ。

□ 1 群青色の海に美しい熱帯魚が泳ぐ。〔　　〕

□ 2 臆病な性格で強気に出られない。〔　　〕

□ 3 すばらしい演奏で喝采を受けた。〔　　〕

□ 4 納屋に工具類を保管する。〔　　〕

□ 5 故人をしのび縁者が弔問に訪れる。〔　　〕

□ 6 事態が紛糾してまとまらない。〔　　〕

□ 7 図書館を拡充し利便性を改善する。〔　　〕

□ 8 財布を懐に入れて散歩に出掛けた。〔　　〕

□ 9 具体例については次章で詳述する。〔　　〕

□ 10 横柄な態度をとる客だ。〔　　〕

□ 11 適宜、報告するよう指示した。〔　　〕

□ 12 労働者が資本家に搾取される。〔　　〕

□ 13 他国に借款を供与する。〔　　〕

□ 14 財布を拾得して警察に届ける。〔　　〕

□ 15 当選の暁には福祉に尽力します。〔　　〕

□ 16 得られた情報の真偽を確かめる。〔　　〕

□ 17 悲壮な覚悟を心の内奥に秘める。〔　　〕

□ 18 傘、若しくは雨合羽を準備しよう。〔　　〕

□ 19 博物館で**乾漆**の展示を見てまわる。

□ 20 最後の退出者が**施錠**するきまりだ。

□ 21 彼の絵はクラスでも**傑出**している。

□ 22 師匠の動きに**倣**って舞を踊る。

□ 23 **靴墨**を塗って丁寧にブーツを磨く。

□ 24 金融市場の**寡占**状態が続いている。

□ 25 策略が**露顕**し敵に裏をかかれた。

□ 26 運良く**災禍**を逃れた。

□ 27 **拙宅**への道順を図示した。

□ 28 自然破壊は思わぬ**災厄**を招く。

□ 29 **謀**られて島流しの身となった。

□ 30 **挿話**を挟み、講義が本題に入った。

□ 31 部長は**剛腹**で手ごわい。

□ 32 カンガルーは**有袋類**に分類される。

標準解答

1 ぐんじょう
2 おくびょう
3 かっさい
4 なや
5 ちょうもん
6 ふんきゅう
7 かくじゅう
8 ふところ
9 しょうじゅつ
10 おうへい
11 てきぎ
12 さくしゅ
13 しゃっかん
14 しゅうとく
15 あかつき
16 しんぎ
17 ないおう
18 も
19 かんしつ
20 せじょう
21 けっしゅつ
22 なら
23 くつずみ
24 かせん
25 ろけん
26 さいか
27 せったく
28 さいやく
29 はか
30 そうわ
31 ごうふく
32 ゆうたいるい

4 **納屋《なや》**↓物を納めておく小屋。
10 **横柄《おうへい》**↓尊大で無礼なこと。
13 **借款《しゃっかん》**↓主に公的機関の国際的な長期間の資金の貸借。
26 **災禍《さいか》**↓天災などによる災い。
27 **拙宅《せったく》**↓自宅をへりくだっていう言葉。
31 **剛腹《ごうふく》**↓度量が大きく、ふとっぱらであること。

点線で折り、解答を隠しても使えます!

3時間目

難易度Ⅲ

読み②

目標時間 3分

あなたの学習の優先度は？

□A □B □C

使い方は20ページ

●次の――線の漢字の読みをひらがなで記せ。

□ 1 論文の要点を抄録する。 〔　　〕

□ 2 稚拙な提案など歯牙にも掛けない。 〔　　〕

□ 3 天が賦与した才能に恵まれた。 〔　　〕

□ 4 花々が薫り、春の訪れを感じる。 〔　　〕

□ 5 窯元の店先に多くの陶器が並ぶ。 〔　　〕

□ 6 涼しくなって食欲が旺盛になった。 〔　　〕

□ 7 穀物の価格が急騰している。 〔　　〕

□ 8 哀悼の意を表して黙とうする。 〔　　〕

□ 9 最初に約款を読んでから契約する。 〔　　〕

□ 10 計算の速さでは彼に比肩できない。 〔　　〕

□ 11 頼りになる知人に教えを請う。 〔　　〕

□ 12 師から賜った器を大事にする。 〔　　〕

□ 13 発言が舌禍となり批判を浴びる。 〔　　〕

□ 14 常に中庸の道を心掛けている。 〔　　〕

□ 15 圧倒的な勝利で初陣を飾った。 〔　　〕

□ 16 芋類は地下茎の一種である。 〔　　〕

□ 17 若くして最愛の夫を亡くす。 〔　　〕

□ 18 道半ばで暴漢の凶刃に倒れた。 〔　　〕

□ 19 閑雅な風情のある庭園を散策する。

□ 20 得意分野で辣腕を振るった。

□ 21 まだ年端もいかない子どもだ。

□ 22 この案件は閑却しておけない。

□ 23 寡欲な人物だったと聞いている。

□ 24 部下に代わり非難の矢面に立つ。

□ 25 製靴工場に原料が搬入される。

□ 26 渉外担当として顧客に応対する。

□ 27 犯罪を教唆した罪で罰せられた。

□ 28 賢哲の言葉を座右の銘とする。

□ 29 弾劾裁判が東京で行われた。

□ 30 将来を見据えて設備投資をする。

□ 31 辞書の凡例を一読する。

□ 32 政治家の醜聞には食傷している。

標準解答

1 しょうろく
2 しが
3 ふよ
4 かお
5 かまもと
6 おうせい
7 きゅうとう
8 あいとう
9 やっかん
10 ひけん
11 こ
12 たまわ
13 ぜっか
14 ちゅうよう
15 ういじん
16 ちかけい
17 な
18 きょうじん
19 かんが
20 らつわん
21 としは
22 かんきゃく
23 かよく
24 やおもて
25 せいか
26 しょうがい
27 きょうさ
28 けんてつ
29 だんがい
30 みす
31 はんれい
32 しゅうぶん

1 抄録《しょうろく》→必要な部分だけを書き抜くこと。

13 舌禍《ぜっか》→自分の発言が原因で怒りを買い、それによって受ける災い。

14 中庸《ちゅうよう》→中国、戦国時代の思想書。過不足なく、調和がとれていること。

19 閑雅《かんが》→静かで景色に趣のある様子。

20 辣腕《らつわん》→高い処理能力があること。

28 賢哲《けんてつ》→賢人と哲人。

点線で折り、解答を隠しても使えます！

3時間目

難易度Ⅲ

読み③

目標時間
3分

あなたの学習の優先度は?
□A □B □C
使い方は20ページ

●次の――線の漢字の読みをひらがなで記せ。

□ 1 非行少年の更生に心を砕く。
□ 2 土壇場で形勢が逆転する。
□ 3 口角泡を飛ばして討議する。
□ 4 現場の状況を正確に把握する。
□ 5 均斉がとれた体づくりを目指す。
□ 6 因循な考え方で凝り固まっている。
□ 7 母と妻との間で板挟みになる。
□ 8 時代の変遷とともに文化は変わる。
□ 9 愁いを帯びた表情の少女の絵画だ。
□ 10 友人の媒酌の労をとる。
□ 11 胸襟を開いて同僚と語り合う。
□ 12 やや緊張した面持ちで挨拶する。
□ 13 不法な闇取引が暴かれた。
□ 14 国際交流に尽力し褒賞を贈られた。
□ 15 大役を任せるには時期尚早だ。
□ 16 最後の山車が家の前を通過した。
□ 17 法被を着て祭りに参加する。
□ 18 目的を見失い金の亡者と化した。

□ 19 私淑する作家の本を何回も読む。［　　］

□ 20 遺族に弔いの言葉を述べた。［　　］

□ 21 子馬が手綱を嫌がっている。［　　］

□ 22 昨年の冬から長患いをしている。［　　］

□ 23 職責を果たせず閑職に左遷された。［　　］

□ 24 市井の風俗を研究する。［　　］

□ 25 水仙の花が見渡す限り咲き誇る。［　　］

□ 26 自然豊かな公園で渡り鳥が憩う。［　　］

□ 27 世俗の生活を捨て仏門に帰依した。［　　］

□ 28 訃報を聞いてすぐさま駆けつけた。［　　］

□ 29 警察が犯罪集団の巣窟を見張る。［　　］

□ 30 放漫な経営を厳しく糾弾した。［　　］

□ 31 県の交通の要衝を占める駅だ。［　　］

□ 32 肝臓で有毒物質を解毒する。［　　］

標準解答

1 くだ
2 どたんば
3 あわ
4 はあく
5 きんせい
6 いんじゅん
7 いたばさ
8 へんせん
9 うれ
10 ばいしゃく
11 きょうきん
12 おもも
13 あば
14 ほうしょう
15 しょうそう
16 だし
17 はっぴ
18 もうじゃ
19 ししゅく
20 とむら
21 たづな
22 ながわずら
23 させん
24 しせい
25 すいせん
26 いこ
27 きえ
28 ふほう
29 そうくつ
30 きゅうだん
31 ようしょう
32 げどく

6 因循《いんじゅん》↓古い方法を一向に改めようとしないこと。
16 山車《だし》↓祭礼の時に出す飾り立てた車。
19 私淑《ししゅく》↓自分の師としてひそかに尊敬し、学ぶこと。
24 市井《しせい》↓人家の集まったところ。
27 帰依《きえ》↓信仰してその力にすがること。
31 要衝《ようしょう》↓交通や商業の大事な地点。

点線で折り、解答を隠しても使えます！

部首

目標時間
4分

あなたの学習の優先度は?
□A □B □C
使い方は20ページ

●次の漢字の部首を記せ。

□ 1 尉
□ 2 栽
□ 3 鼓
□ 4 堪
□ 5 弊
□ 6 死
□ 7 執
□ 8 裏
□ 9 戻
□ 10 呈
□ 11 奔
□ 12 充
□ 13 克
□ 14 献
□ 15 衷
□ 16 者
□ 17 尿
□ 18 勅
□ 19 虞
□ 20 褒
□ 21 瓶
□ 22 韻
□ 23 刃
□ 24 虐

25 寧〔　〕

26 煩〔　〕

27 効〔　〕

28 義〔　〕

29 戴〔　〕

30 享〔　〕

31 磨〔　〕

32 美〔　〕

33 卑〔　〕

34 匠〔　〕

35 嗣〔　〕

36 歯〔　〕

37 青〔　〕

38 玄〔　〕

39 凹〔　〕

40 髪〔　〕

41 亭〔　〕

42 艶〔　〕

43 耗〔　〕

44 蛍〔　〕

標準解答

1 寸（すん）
2 木（き）
3 鼓（つづみ）
4 土（つちへん）
5 廾（こまぬき）
6 歹（かばねへん）
7 土（つち）
8 衣（ころも）
9 戸（とだれ）
10 口（くち）
11 大（だい）
12 儿（ひとあし）
13 儿（ひとあし）
14 犬（いぬ）
15 衣（ころも）
16 耂（おいかんむり）
17 尸（かばね）
18 力（ちから）
19 虍（とらがしら）
20 衣（ころも）
21 瓦（かわら）
22 音（おと）
23 刀（かたな）
24 虍（とらがしら）
25 宀（うかんむり）
26 火（ひへん）
27 力（ちから）
28 羊（ひつじ）
29 戈（ほこづくり）
30 亠（なべぶた）
31 石（いし）
32 羊（ひつじ）
33 十（じゅう）
34 匚（はこがまえ）
35 口（くち）
36 歯（は）
37 青（あお）
38 玄（げん）
39 凵（うけばこ）
40 髟（かみがしら）
41 亠（なべぶた）
42 色（いろ）
43 耒（すきへん）
44 虫（むし）

点線で折り、解答を隠しても使えます！

3時間目

難易度Ⅲ

熟語の構成

目標時間
3分

あなたの学習の優先度は?
□A □B □C
使い方は20ページ

●熟語の構成には、次のようなものがある。

ア 同じような意味の字を重ねたもの（例　岩石）
イ 反対または対応の意味を表す字を重ねたもの（例　高低）
ウ 上の字が下の字を修飾しているもの（例　洋画）
エ 下の字が上の字の目的語・補語になっているもの（例　着席）
オ 上の字が下の字の意味を打ち消しているもの（例　非常）

●次の熟語は右のア～オのどれにあたるか、一つ選んで記号を記せ。

□ 1 疎密［　］
□ 2 無尽［　］
□ 3 旋風［　］
□ 4 開拓［　］
□ 5 舌禍［　］
□ 6 出納［　］
□ 7 未到［　］
□ 8 謹呈［　］
□ 9 閑職［　］
□ 10 玩具［　］
□ 11 未詳［　］
□ 12 去就［　］

□ 13 挑戦［　　］

□ 14 免疫［　　］

□ 15 献杯［　　］

□ 16 隠顕［　　］

□ 17 栄辱［　　］

□ 18 悠久［　　］

□ 19 剰余［　　］

□ 20 座礁［　　］

□ 21 遷都［　　］

□ 22 和睦［　　］

□ 23 添削［　　］

□ 24 糾弾［　　］

□ 25 遭難［　　］

□ 26 模擬［　　］

□ 27 扶助［　　］

□ 28 嫌悪［　　］

標準解答

1 イ「あらい（疎）こと」↕「密なこと」
2 オ 尽きるところがないこと
3 ウ「渦巻き状（旋）の↓風」の意
4 ア 開も拓も「切りひらく」の意
5 ウ「言論の（舌）↓災い（禍）」の意
6 イ（金品などを）「出す」↕「納める」
7 オ 到達していないこと
8 ウ「謹んで↓贈呈する」の意
9 ウ「暇な（閑）↓職務」の意
10 ウ「遊ぶ（玩）↓道具」の意

11 オ いまだにはっきりしていないこと
12 イ「地位を去る」↕「地位に就く」
13 エ「挑む↑戦いを」の意
14 エ「免れる↑感染症（疫）などから」の意
15 エ「差し出す（献）↑（相手に）杯を」の意
16 イ「隠れる」↕「顕《あらわ》れる」
17 イ「栄誉」↕「恥辱」
18 ア 悠も久も「はるか久しい」の意
19 ア 剰も余も「あまる」の意
20 エ「乗り上げて居座る↑（船が）暗礁に」の意

21 エ「遷《うつ》す↑都を」の意
22 ア 和も睦も「仲よくする」の意
23 イ「書き加える（添）」↕「削る」
24 ア 糾も弾も「相手を責める」の意
25 エ「遭う↑危難に」の意
26 ア 模も擬も「似せる、まねる」の意
27 ア 扶も助も「助ける」の意
28 ア 嫌も悪も「きらう」の意

送りがな

あなたの学習の優先度は?
□A □B □C
使い方は20ページ

●次の――線のカタカナを漢字一字と送りがな（ひらがな）で記せ。

1 イツワリのない気持ちを述べる。
2 破けた靴下をツクロウ。
3 悪党だがなぜかニクメナイ。
4 イヤシイ態度を改めるべきだ。
5 ドアに手がハサマル危険がある。
6 完成に長い歳月をツイヤス。
7 人をソソノカスことは慎むべきだ。
8 大接戦の末、オシクモ敗れた。
9 モッパラ裏方として劇団を支える。
10 犬が危険を察して体をフセル。
11 全社員に努力目標をカカゲる。
12 初戦で負けた選手をナグサメル。
13 自分を侮った彼がウラメシイ。
14 イサギヨク過ちを認める。
15 口にするのもケガラワシイ話だ。
16 失敗にコリルことなく挑戦する。
17 日光をサエギルカーテンに替えた。
18 叔母を母のようにシタウ。

19 恵まれない人に食事をホドコス。

20 商店街はすっかりスタレタ。

21 山の神に踊りをタテマツル。

22 弟は実にオダヤカな性格だ。

23 口がスッパクなるほど言い聞かす。

24 毎日運動して体をキタエル。

25 亡くなった人を恭しくホウムル。

26 国境の城をオトシイレた。

27 カシコイ作戦で難局を乗り切る。

28 酒はこうじ菌でカモシテ造られる。

29 少ない残り時間にアセル。

30 表面がナメラカになるまで磨く。

31 タクミナ話術に惑わされる。

32 思わずうそをついたことをクイル。

標準解答

1 偽り
2 繕う
3 憎めない
4 卑しい
5 挟まる
6 費やす
7 唆す
8 惜しくも
9 専ら
10 伏せる
11 掲げ
12 慰める
13 恨めしい
14 潔く
15 汚らわしい
16 懲りる
17 遮る
18 慕う
19 施す
20 廃れた
21 奉る
22 穏やか
23 酸っぱく
24 鍛える
25 葬る
26 陥れ
27 賢い
28 醸して
29 焦る
30 滑らか
31 巧みな
32 悔いる

点線で折り、解答を隠しても使えます!

3時間目

難易度Ⅲ

同音・同訓異字

目標時間
4分

あなたの学習の優先度は?
□A □B □C
使い方は20ページ

●次の――線のカタカナを漢字に直せ。

□ 1 敵をカイジュウし味方に取り込む。

□ 2 カイジュウのおもちゃで孫と遊ぶ。

□ 3 深いケイコクに鳥の鳴き声が響く。

□ 4 二度目のケイコクで退場となった。

□ 5 雪の日はゴム底の靴をハく。

□ 6 ハ物をもった暴漢が逮捕された。

□ 7 事件のソウサは困難を極めた。

□ 8 パソコンのソウサ方法に悩む。

□ 9 高等裁判所にコウソする。

□ 10 コウソの働きで糖を分解する。

□ 11 彼は孤児を五人フヨウしている。

□ 12 熱気球が大空にフヨウしていく。

□ 13 古くから伝わる民謡をサイフする。

□ 14 サイフのひもをゆるめる。

□ 15 百貨店がシャオンセールを催す。

□ 16 幹線道路をシャオン壁で囲う。

□ 17 銀行のユウシを受ける申請をした。

□ 18 国のユウシ以来の興亡が記される。

□ 19 婚約ヒロウの記者会見を開く。

□ 20 暑くて寝られずヒロウがたまる。

21 墓石に戒名をホる。

22 海底深くにトンネルをホる。

23 小説のボウトウを暗唱する。

24 好決算で株価がボウトウした。

25 ツんできた山菜をおかずにした。

26 ツめ将棋の本で頭を鍛える。

27 稲のホが風に揺れている。

28 船がホに風を受けて海を進む。

29 それはあまりにカビンな反応だ。

30 一輪のバラをカビンに挿した。

31 ユウキュウの時を経て氷河となる。

32 ユウキュウ休暇を利用して旅する。

33 粉薬が苦手でジョウザイを飲む。

34 寺の再建にジョウザイを募る。

35 有志が地域の公園をセイソウする。

36 幾セイソウを経て成就した。

標準解答

1 懐柔
2 怪獣
3 渓谷
4 警告
5 履
6 刃
7 捜査
8 操作
9 控訴
10 酵素
11 扶養
12 浮揚
13 採譜
14 財布
15 謝恩
16 遮音
17 融資
18 有史
19 披露
20 疲労
21 彫
22 掘
23 冒頭
24 暴騰
25 摘
26 詰
27 穂
28 帆
29 過敏
30 花瓶
31 悠久
32 有給
33 錠剤
34 浄財
35 清掃
36 星霜

1 懐柔《かいじゅう》↓相手をうまく扱い、従わせること。
12 浮揚《ふよう》↓浮かびあがること。
13 採譜《さいふ》↓楽譜に曲を書き取ること。
18 有史《ゆうし》↓文献による記録が残されている時代の歴史。
31 悠久《ゆうきゅう》↓長く久しい様子。
36 星霜《せいそう》↓年月。

点線で折り、解答を隠しても使えます!

3時間目

難易度Ⅲ

書き取り①

目標時間
4分

あなたの学習の優先度は?
□A □B □C
使い方は20ページ

●次の――線のカタカナを漢字に直せ。

□1 旧友と熱いホウヨウを交わす。
□2 わかめのスの物を添える。
□3 ウもれ木に花咲く。
□4 ニクまれっ子、世にはばかる。
□5 ナヤから農機具を持ってくる。
□6 アサセで海水浴を楽しむ。
□7 ハチクの勢いで進撃する。
□8 サイケン者に借入金を返済する。
□9 微生物のバイヨウに成功する。
□10 差別テッパイの条約に調印する。
□11 ウデキきの職人を集めて普請する。
□12 土産物店でマンゲキョウを買う。
□13 目のアラい網で魚をすくう。
□14 消化液が器官からブンピツされる。
□15 キンパクした空気の中で会見する。
□16 ごソウケンで何よりです。
□17 名曲のサワりを演奏する。
□18 毎朝ニワトリがけたたましく鳴く。
□19 大企業のサンカに入る。
□20 誠実をムネとして経済活動をする。

□ 21 社長レイジョウと交際している。

□ 22 曲がっているエリを直した。

□ 23 所有する不動産をジョウトした。

□ 24 職員をズイジ募集する。

□ 25 願いがジョウジュするように祈る。

□ 26 話題がツき、沈黙が続いた。

□ 27 タダし書きを忘れずに記載する。

□ 28 変化球で打者から三振をウバう。

□ 29 路面が凍結してスベりやすい。

□ 30 連休で高速道路がジュウタイする。

□ 31 専門家のおスミツきをもらう。

□ 32 期待の新人がトウカクを現した。

□ 33 首相カンテイで閣議が開かれた。

□ 34 宴会で部長が乾杯のオンドをとる。

□ 35 デイリュウが川を下る。

□ 36 新会社発足の祝宴をモヨオした。

標準解答

1 抱擁
2 酢
3 埋
4 憎
5 納屋
6 浅瀬
7 破竹
8 債権
9 培養
10 撤廃
11 腕利
12 万華鏡
13 粗
14 分泌
15 緊迫
16 壮健
17 触
18 鶏
19 傘下
20 旨
21 令嬢
22 襟
23 譲渡
24 随時
25 成就
26 尽
27 但
28 奪
29 滑
30 渋滞
31 墨付
32 頭角
33 官邸
34 音頭
35 泥流
36 催

点線で折り、解答を隠しても使えます！

3時間目

難易度Ⅲ

書き取り②

目標時間
4分

●次の――線のカタカナを漢字に直せ。

□ 1 ソウゴンな門構えの屋敷だ。

□ 2 ケッペキな性格で信頼を得る。

□ 3 カセンが切れて垂れ下がる。

□ 4 レイセツをわきまえた振る舞いだ。

□ 5 一芸にヒイでる。

□ 6 辞書のハンレイを調べた。

□ 7 筆のホサキを手で丁寧にまとめる。

□ 8 相手の気持ちをクんだ対応をする。

□ 9 真相は闇へとホウムられた。

□ 10 連勝して首位をダッカンする。

□ 11 幼子を残して病気でユく。

□ 12 ハグキの痛みに耐えられない。

□ 13 食器にコウキン加工を施す。

□ 14 後事を若手に委ねてユウタイする。

□ 15 白菜をシオヅけにして保存する。

□ 16 柔とゴウを巧みに使い分ける。

□ 17 アヤしい男を職務質問する。

□ 18 ギを見てせざるは勇無きなり。

□ 19 決勝戦でリョウユウが激突した。

□ 20 ここでの飲食はゴハットだ。

あなたの学習の優先度は?
□A □B □C

使い方は20ページ

□ 21 山中で遭難者をソウサクする。

□ 22 手術でビョウソウを摘出する。

□ 23 議論の末、ダトウな結論に至った。

□ 24 ケイコク沿いを散策する。

□ 25 証拠品を自宅からオウシュウした。

□ 26 特産品の生産をショウレイする。

□ 27 ハナムコの衣装をあつらえる。

□ 28 クヤしさをばねに一層努力する。

□ 29 キュウリョウ地に住宅が点在する。

□ 30 反乱をクワダてる。

□ 31 土壌がヒヨクで作物の育ちがよい。

□ 32 音楽のソヨウを身につける。

□ 33 服をマクラモトに畳んで置く。

□ 34 チンタイした空気を振り払った。

□ 35 任務をカンスイして昇格した。

□ 36 マドギワに観葉植物を置く。

標準解答

1 荘厳
2 潔癖
3 架線
4 礼節
5 秀
6 凡例
7 穂先
8 酌
9 葬
10 奪還
11 逝
12 歯茎
13 抗菌
14 勇退
15 塩漬
16 剛
17 怪
18 義
19 両雄
20 御法度
21 捜索
22 病巣
23 妥当
24 渓谷
25 押収
26 奨励
27 花婿
28 悔
29 丘陵
30 企
31 肥沃
32 素養
33 枕元
34 沈滞
35 完遂
36 窓際

点線で折り、解答を隠しても使えます!

3時間目

難易度Ⅲ

書き取り③

目標時間
4分

あなたの学習の優先度は？
□A □B □C
使い方は20ページ

●次の――線のカタカナを漢字に直せ。

□ 1 ガクバツが幅を利かせている。

□ 2 患部がエンショウを起こす。

□ 3 川辺に生えたヤナギが風に揺れる。

□ 4 借りた本の返却をサイソクされた。

□ 5 食器を念入りにシャフツ消毒する。

□ 6 事業に失敗してハダカ一貫になる。

□ 7 ナンクセをつけて金銭を要求する。

□ 8 功績が認められ勲章をタマワる。

□ 9 記録更新には困難をトモナう。

□ 10 二の句がツげない。

□ 11 滞っている支払いをトクソクする。

□ 12 ネコの首に鈴を付ける。

□ 13 不足気味の原料をユウズウし合う。

□ 14 バラのクキには、とげがある。

□ 15 長いものにはマかれろ。

□ 16 カワラ屋根の家が軒を連ねている。

□ 17 千ページにもオヨぶ小説を読んだ。

□ 18 破格のネンポウが提示される。

□ 19 取引先に事業の提携をダシンした。

□ 20 対応が後手に回りドロヌマに陥る。

□ 21 無事にチンカして、ぼやで済んだ。〔　　〕

□ 22 結婚式で神主がノリトをあげる。〔　　〕

□ 23 彼がこの会社のモトイを築いた。〔　　〕

□ 24 難しい依頼だがカイダクを得た。〔　　〕

□ 25 試験の結果にごマンエツの様子だ。〔　　〕

□ 26 孫にダチンをあげて手伝いを頼む。〔　　〕

□ 27 キョウコウは経済に影響をおよぼす。〔　　〕

□ 28 授業参観にウワグツを持参する。〔　　〕

□ 29 タビを履いて着物を着る。〔　　〕

□ 30 失言した大臣をコウテツする。〔　　〕

□ 31 慣例にコウデイせずに対処する。〔　　〕

□ 32 落ちこんでいる友人をハゲます。〔　　〕

□ 33 ヒガンに祖母の墓参りをする。〔　　〕

□ 34 もはや手のホドコしようがない。〔　　〕

□ 35 運動会のツナ引きに参加する。〔　　〕

□ 36 雷におびえて牛がアバれている。〔　　〕

標準解答

1 学閥　2 炎症　3 柳　4 催促　5 煮沸　6 裸

7 難癖　8 賜　9 伴　10 継　11 督促　12 猫

13 融通　14 茎　15 巻　16 瓦　17 及　18 年俸

19 打診　20 泥沼　21 鎮火　22 祝詞　23 基　24 快諾

25 満悦　26 駄賃　27 恐慌　28 上靴　29 足袋　30 更迭

31 拘泥　32 励　33 彼岸　34 施　35 綱　36 暴

点線で折り、解答を隠しても使えます！

3時間目

難易度Ⅲ

書き取り④

目標時間
4分

あなたの学習の優先度は?
□A □B □C
使い方は20ページ

●次の――線のカタカナを漢字に直せ。

□ 1 財界のジュウチンに支援を要請する。
□ 2 シャショウが出発のベルを鳴らす。
□ 3 学生生活に期待がフクらむ。
□ 4 コマクが破れんばかりの大声だ。
□ 5 周りからツマはじきにされる。
□ 6 電車でお年寄りに席をユズる。
□ 7 なんともゲせない判定だ。
□ 8 夢と現実とがコウサクする。
□ 9 ハクヒョウをふむ思いだった。
□ 10 カンガルーはユウタイルイだ。

□ 11 際限のないハバツ争いが続く。
□ 12 石油がフッテイして物価が上がる。
□ 13 売り上げをジゼン事業に寄付した。
□ 14 この赤ちゃんはアイソがよい。
□ 15 とうとう堪忍袋のオが切れた。
□ 16 ユウベンをふるって皆を説得する。
□ 17 廊下をゾウキンで水ぶきした。
□ 18 雨が上がるとニジが弧を描いた。
□ 19 実力がハクチュウして引き分けた。
□ 20 パン屋からカンバしい香りがする。

□ 21 レイサイ企業が業界を支えている。［　　］

□ 22 新鋭のカンテイが戦地に赴く。［　　］

□ 23 順風を受けてハンソウする。［　　］

□ 24 セイチョウな水が湧き出る。［　　］

□ 25 身を隠して、じっと息をヒソめる。［　　］

□ 26 交渉の末に協定をテイケツする。［　　］

□ 27 イオウ分を多く含む温泉に浸る。［　　］

□ 28 彼は汚職疑惑のカチュウの議員だ。［　　］

□ 29 長時間キツモンされ疲れ果てた。［　　］

□ 30 フウキに恵まれて努力を怠る。［　　］

□ 31 彼は重要な案件の一翼をニナった。［　　］

□ 32 倒産でマルハダカになった。［　　］

□ 33 波打ち際で水とタワムれた。［　　］

□ 34 部下のチュウゲンを聞き入れる。［　　］

□ 35 キャンプ場にテントを張ってネる。［　　］

□ 36 ドタンバでの大逆転勝利だった。［　　］

標準解答

1 重鎮
2 車掌
3 膨
4 鼓膜
5 爪
6 譲
7 解
8 交錯
9 薄氷
10 有袋類
11 派閥
12 払底
13 慈善
14 愛想
15 緒
16 雄弁
17 雑巾
18 虹
19 伯仲
20 芳
21 零細
22 艦艇
23 帆走
24 清澄
25 潜
26 締結
27 硫黄
28 渦中
29 詰問
30 富貴
31 担
32 丸裸
33 戯
34 忠言
35 寝
36 土壇場

点線で折り、解答を隠しても使えます！

3時間目

難易度Ⅲ

対義語・類義語①

目標時間 5分

あなたの学習の優先度は?

□A □B □C

使い方は20ページ

●次の□の中の語を一度だけ使って漢字に直し、対義語・類義語を記せ。

対義語

□ 1 欠乏［　　］

□ 2 発病［　　］

□ 3 潤沢［　　］

□ 4 軽侮［　　］

類義語

□ 5 償還［　　］

□ 6 心酔［　　］

□ 7 流布［　　］

□ 8 調停［　　］

けいとう・こかつ・じゅうそく・すうはい・ちゆ・ちゅうさい・ふきゅう・へんさい

対義語

□ 9 総合［　　］

□ 10 横柄［　　］

□ 11 釈放［　　］

□ 12 炎暑［　　］

類義語

□ 13 沿革［　　］

□ 14 制約［　　］

□ 15 難点［　　］

□ 16 全治［　　］

けっかん・けんきょ・こうそく・こっかん・そくばく・ぶんせき・へいゆ・へんせん

対義語

□ 17 特殊〔　　〕

□ 18 販売〔　　〕

□ 19 飽食〔　　〕

□ 20 決裂〔　　〕

類義語

□ 21 実直〔　　〕

□ 22 順次〔　　〕

□ 23 勘案〔　　〕

□ 24 心配〔　　〕

きが・きんげん・こうにゅう・こうりょ・だけつ・ちくじ・ふへん・ゆうりょ

対義語

□ 25 仙境〔　　〕

□ 26 偉大〔　　〕

□ 27 褒賞〔　　〕

□ 28 挿入〔　　〕

類義語

□ 29 工事〔　　〕

□ 30 頑丈〔　　〕

□ 31 激怒〔　　〕

□ 32 極意〔　　〕

おうぎ・けんご・ぞっかい・ちゅうしゅつ・ちょうばつ・ふしん・ふんがい・ぼんよう

標準解答

1 充足《じゅうそく》
2 治癒《ちゆ》
3 枯渇《こかつ》
4 崇拝《すうはい》
5 返済《へんさい》
6 傾倒《けいとう》
7 普及《ふきゅう》
8 仲裁《ちゅうさい》
9 分析《ぶんせき》
10 謙虚《けんきょ》
11 拘束《こうそく》
12 酷寒《こっかん》
13 変遷《へんせん》
14 束縛《そくばく》
15 欠陥《けっかん》
16 平癒《へいゆ》
17 普遍《ふへん》
18 購入《こうにゅう》
19 飢餓《きが》
20 妥結《だけつ》
21 謹厳《きんげん》
22 逐次《ちくじ》
23 考慮《こうりょ》
24 憂慮《ゆうりょ》
25 俗界《ぞっかい》
26 凡庸《ぼんよう》
27 懲罰《ちょうばつ》
28 抽出《ちゅうしゅつ》
29 普請《ふしん》
30 堅固《けんご》
31 憤慨《ふんがい》
32 奥義《おうぎ》

2 治癒《ちゆ》↓けがや病気などがなおること。
3 枯渇《こかつ》↓かわいて水がかれること。
12 酷寒《こっかん》↓厳しくひどい寒さ。
26 凡庸《ぼんよう》↓特にとりえがなく平凡なこと。

点線で折り、解答を隠しても使えます！

対義語・類義語②

目標時間
5分

あなたの学習の優先度は?
□A □B □C
使い方は20ページ

●次の□の中の語を一度だけ使って漢字に直し、対義語・類義語を記せ。

対義語

□ 1 更生 [　　]
□ 2 虚弱 [　　]
□ 3 尊宅 [　　]
□ 4 緩慢 [　　]

類義語

□ 5 連綿 [　　]
□ 6 調和 [　　]
□ 7 排斥 [　　]
□ 8 無口 [　　]

かもく・がんけん・きんこう・じんそく・せったく・そがい・だらく・みゃくみゃく

対義語

□ 9 辛勝 [　　]
□ 10 古豪 [　　]
□ 11 初歩 [　　]
□ 12 純白 [　　]

類義語

□ 13 献上 [　　]
□ 14 同輩 [　　]
□ 15 親友 [　　]
□ 16 根絶 [　　]

おうぎ・きんてい・しっこく・しんえい・せきはい・ちき・どうりょう・ぼくめつ

対義語

□ 17 暫時 [　　]

□ 18 国産 [　　]

□ 19 促進 [　　]

□ 20 自慢 [　　]

類義語

□ 21 不意 [　　]

□ 22 傾倒 [　　]

□ 23 卓越 [　　]

□ 24 腐心 [　　]

くりょ・こうきゅう・しゅうばつ・しんすい・とつじょ・はくらい・ひげ・よくせい

対義語

□ 25 近接 [　　]

□ 26 軽快 [　　]

□ 27 高価 [　　]

□ 28 任命 [　　]

類義語

□ 29 不意 [　　]

□ 30 解消 [　　]

□ 31 計算 [　　]

□ 32 屈指 [　　]

えんかく・かんじょう・そうちょう・とうとつ・はき・ばつぐん・ひめん・れんか

標準解答

1 堕落《だらく》
2 頑健《がんけん》
3 拙宅《せったく》
4 迅速《じんそく》
5 脈々《みゃくみゃく》
6 均衡《きんこう》

7 疎外《そがい》
8 寡黙《かもく》
9 惜敗《せきはい》
10 新鋭《しんえい》
11 奥義《おうぎ》
12 漆黒《しっこく》

13 謹呈《きんてい》
14 同僚《どうりょう》
15 知己《ちき》
16 撲滅《ぼくめつ》
17 恒久《こうきゅう》
18 舶来《はくらい》

19 抑制《よくせい》
20 卑下《ひげ》
21 突如《とつじょ》
22 心酔《しんすい》
23 秀抜《しゅうばつ》
24 苦慮《くりょ》

25 遠隔《えんかく》
26 荘重《そうちょう》
27 廉価《れんか》
28 罷免《ひめん》
29 唐突《とうとつ》
30 破棄《はき》

31 勘定《かんじょう》
32 抜群《ばつぐん》

2 頑健《がんけん》→丈夫で少々無理をしても病気にならない様子。
17 恒久《こうきゅう》→いつまでも変わらないこと。
24 苦慮《くりょ》→あれこれ悩んで考えること。
25 遠隔《えんかく》→遠く離れていること。
26 荘重《そうちょう》→雰囲気などが重々しくおごそかなこと。
27 廉価《れんか》→値段が安いこと。

点線で折り、解答を隠しても使えます!

3時間目

難易度Ⅲ

誤字訂正

目標時間
5分

あなたの学習の優先度は？
□A □B □C
使い方は20ページ

●次の各文に間違って使われている同じ音訓の漢字が一字ある。上に誤字を、下に正しい漢字を記せ。

□ **1** 新たな油田の発見や採掘技術の開発により、過去に多かった石油枯渇を叫ぶ論調は最近、鳴りを潜めた。　［　→　］

□ **2** 血行や腸の運動が速進されるので、冷え性や便秘の人は、適度な運動を継続的に行うことを推奨する。　［　→　］

□ **3** 犯罪が起きる背景には社会情勢などの要素があるが、人々の想像力の欠徐もその一因であると言う人もいる。　［　→　］

□ **4** 長年地元住民の台所を支えてきた市場が閉査されることになり、観光客からも惜しむ声が寄せられている。　［　→　］

□ **5** 災害などの緊急時に起こり得る状況を派握し、回避の方法を模索しておくことが危機管理の基本である。　［　→　］

□ **6** 食品に対する輸入制限の換和が、経済連携協定への参加条件であると、日本政府に対して通告してきた。　［　→　］

□ **7** 携帯電話用の検策サイトで駅名を入力し、乗り換え案内や時刻表、運行状況、駅周辺の飲食店情報を調べた。　［　→　］

□ **8** 企業内で社員の配置換えを頻繁に行う理由の一つには、外部業者との油着を防ぐことも含まれている。　［　→　］

□ **9** 土地だけでなく、小さな水源の支配権を巡り、太古の昔から種々の民族や部族が軍事障突を繰り返してきた。

［　→　］

□ **10** 父が趣味で始めた家庭菜園では、季節ごとに多くの種類の野菜を収穫し、秋は観賞用の菊を栽媒している。

［　→　］

□ **11** 若い才能を支縁するため、自治体では作品を展示するスペースを無料で貸し出すなどの活動を行っている。

［　→　］

□ **12** 長年の研究により小児分野での医学に貢献し、徐勲を受けた偉大な医師が惜しまれながらこの世を去った。

［　→　］

□ **13** 日本古来の伝統芸能に興味を持ち、見直す雰囲気が高まることが、携承者の育成にもつながっていく。

［　→　］

□ **14** 現行の医療体制の長所を依持しつつ看護師の過重労働を回避するには、勤務形態の見直しなどが必要だ。

［　→　］

□ **15** その町は戦国時代から幾多の変選を経て、現在は歴史を感じさせる観光地として毎年多くの旅行客が集まる。

［　→　］

□ **16** 周知哲底に膨大な広告宣伝費をかけたにもかかわらず、普及率は五割に満たず、政府への批判が殺到した。

［　→　］

標準解答

1 滑→渇
2 速→促
3 徐→如
4 査→鎖
5 派→把
6 換→緩
7 策→索
8 油→癒
9 障→衝
10 媒→培
11 縁→援
12 徐→叙
13 携→継
14 依→維
15 選→遷
16 哲→徹

8 癒着《ゆちゃく》→本来は分離しているべきものがくっつくこと。
12 叙勲《じょくん》→国が功労のあった人の功績をたたえて勲章を与えること。
15 変遷《へんせん》→時の流れとともに、物事が移り変わること。

点線で折り、解答を隠しても使えます!

四字熟語

目標時間
5分

あなたの学習の優先度は?
□A □B □C
使い方は20ページ

●次の［　］に漢字二字を入れて四字熟語を完成させよ。

□ 1 ［　　］曲直
↳正しいことと間違っていること。

□ 2 百八［　　］
↳仏教で、人間の心身を悩ませる迷い。数の多いことを百八と表したもの。

□ 3 破邪［　　］
↳不正を打破し、正義を実現すること。

□ 4 ［　　］妄動
↳是非をわきまえず軽はずみに行動すること。

□ 5 ［　　］腹背
↳服従するふりをして心では反抗すること。

□ 6 ［　　］転倒
↳立場や順序などが逆転すること。

□ 7 ［　　］馬食
↳一度にたくさん飲み食いすること。

□ 8 ［　　］烈日
↳刑罰や権威などが非常に厳しいこと。

□ 9 意気［　　］
↳元気や勢力がたいへん盛んなこと。

□ 10 ［　　］実直
↳つつしみ深く誠実で正直なこと。

□ 11 昼夜［　　］
↳日夜休まず物事を行うこと。

□ 12 温厚［　　］
↳誠実でやさしさに満ちていること。

□ 13 遠慮［　　］
↳他人を思いやり、自分は控えめにすること。

□ 14 ［　　］徒食
↳日々無駄に過ごすこと。

□ 15 泰山［　　］
↳ある分野で名を成し、大家として仰ぎ尊ばれる人。第一人者。

□ **16** 安寧［　　　］
社会が落ち着いていて乱れていないこと。

□ **17** 外柔［　　　］
外見は穏当でも意志は強いこと。

□ **18** 附和［　　　］
自分の主張がなく、みだりに他人の説に同調すること。

□ **19** ［　　　］有閑
多忙な中にも、ひと息つく時間があること。

□ **20** 吉凶［　　　］
運勢や縁起などのよしあし。

□ **21** 精進［　　　］
心身を清め、けがれのない状態にすること。

□ **22** ［　　　］万紅
色とりどりの花が咲いている様子。

□ **23** 同工［　　　］
見かけは違うが中身は似ている様子。

□ **24** 汗牛［　　　］
蔵書が非常に多いことのたとえ。

□ **25** ［　　　］妥当
すべてのものにあてはまること。

□ **26** ［　　　］蓋世
非常に勢いが強いこと。

□ **27** 粒粒［　　　］
並々ならぬ苦労を重ねること。

標準解答

1 理非曲直《りひきょくちょく》
2 百八煩悩《ひゃくはちぼんのう》
3 破邪顕正《はじゃけんしょう》
4 軽挙妄動《けいきょもうどう》
5 面従腹背《めんじゅうふくはい》
6 主客転倒《しゅかくてんとう》
7 鯨飲馬食《げいいんばしょく》
8 秋霜烈日《しゅうそうれつじつ》
9 意気衝天《いきしょうてん》・意気揚揚《いきようよう》
10 謹厳実直《きんげんじっちょく》
11 昼夜兼行《ちゅうやけんこう》
12 温厚篤実《おんこうとくじつ》
13 遠慮会釈《えんりょえしゃく》
14 無為徒食《むいとしょく》
15 泰山北斗《たいざんほくと》
16 安寧秩序《あんねいちつじょ》
17 外柔内剛《がいじゅうないごう》
18 附和雷同《ふわらいどう》
19 忙中有閑《ぼうちゅうゆうかん》
20 吉凶禍福《きっきょうかふく》
21 精進潔斎《しょうじんけっさい》
22 千紫万紅《せんしばんこう》
23 同工異曲《どうこういきょく》
24 汗牛充棟《かんぎゅうじゅうとう》
25 普遍妥当《ふへんだとう》
26 抜山蓋世《ばつざんがいせい》
27 粒粒辛苦《りゅうりゅうしんく》

点線で折り、解答を隠しても使えます！

特別な読み方

漢字の訓読みには、特殊な読み方をするものがあります。高校で習う特殊な訓読み（熟字訓・当て字）の語を1段目に、常用漢字表の中の特別な音訓を2段目以降にまとめました。確実に読めるようにしておきましょう。

付表のよみ

- 海女・海士（あま）
- 母屋・母家（おもや）
- 神楽（かぐら）
- 河岸（かし）
- 玄人（くろうと）
- 居士（こじ）
- 雑魚（ざこ）
- 数珠（じゅず）
- 素人（しろうと）
- 師走（しわす・しはす）
- 山車（だし）
- 稚児（ちご）
- 築山（つきやま）
- 読経（どきょう）
- 祝詞（のりと）
- 猛者（もさ）
- 浴衣（ゆかた）

常用漢字表の中の特別な音訓

- 愛想（あいそ）
- 帰依（きえ）
- 久遠（くおん）
- 虚空（こくう）
- 供物（くもつ）
- 勤行（ごんぎょう）
- 群青（ぐんじょう）
- 建立（こんりゅう）
- 懸念（けねん）
- 権化（ごんげ）
- 言質（げんち）
- 庫裏（くり）
- 功徳（くどく）
- 好事家（こうずか）
- 行脚（あんぎゃ）
- 殺生（せっしょう）
- 疾病（しっぺい）
- 従容（しょうよう）
- 成就（じょうじゅ）
- 荘厳（そうごん）
- 断食（だんじき）
- 納屋（なや）
- 普請（ふしん）
- 風情（ふぜい）
- 法度（はっと）
- 亡者（もうじゃ）
- 謀反（むほん）
- 凡例（はんれい）
- 目深（まぶか）
- 由緒（ゆいしょ）
- 遊山（ゆさん）
- 遊説（ゆうぜい）
- 流布（るふ）
- 老若（ろうにゃく）
- 和尚（おしょう）

4時間目

難易度Ⅳ

いよいよ合格圏内の165点を目指すレベルです。
ここで正答率が高ければ、かなり合格に
近づいたと言えます。

4時間目

難易度Ⅳ

読み①

目標時間 3分

●次の——線の漢字の読みをひらがなで記せ。

□ 1 高齢者の人口が**漸増**の傾向にある。〔　　〕

□ 2 **砕石**場で掘削機が活躍している。〔　　〕

□ 3 戦場で多くの**勲功**を立てた。〔　　〕

□ 4 彩色して**見栄**えを良くする。〔　　〕

□ 5 写真を見て**昔日**の思い出にふける。〔　　〕

□ 6 祖父は棋士界の**俊傑**と呼ばれた。〔　　〕

□ 7 名人の過去の**棋譜**を研究する。〔　　〕

□ 8 証拠の**隠蔽**工作が暴かれた。〔　　〕

□ 9 **荘厳**な雰囲気に包まれた礼拝堂だ。〔　　〕

□ 10 爆発的ヒットで在庫が**僅少**になる。〔　　〕

□ 11 **験**を担いで大事な試合に臨んだ。〔　　〕

□ 12 長い海外生活で**懐郷**の情にひたる。〔　　〕

□ 13 春になると公園へ**観桜**に行く。〔　　〕

□ 14 工事現場の看板に**施主**を明示する。〔　　〕

□ 15 巧みな話術で預金を**詐取**された。〔　　〕

□ 16 不動産の所有権を他社に**譲渡**した。〔　　〕

□ 17 巨額の赤字を借入金で**補填**する。〔　　〕

□ 18 **寸暇**を惜しんで勉学に励む。〔　　〕

□ 19 相手を**辱**める発言は慎むべきだ。［　　］

□ 20 料亭で**滋味**豊かな料理を味わう。［　　］

□ 21 **勾配**の急な坂を駆け上がる。［　　］

□ 22 天賦の才能に恵まれた友人を**羨**む。［　　］

□ 23 頭痛がするので**頓服**薬を飲んだ。［　　］

□ 24 **下弦**の月が夜空に浮かぶ。［　　］

□ 25 売り上げの**累積**を計算する。［　　］

□ 26 女優の**妖艶**な姿に息をのむ。［　　］

□ 27 昨年の便りを最後に音**沙汰**がない。［　　］

□ 28 剣の道を**窮**めるべく道場に入る。［　　］

□ 29 酒を酌み交わして**親睦**を深めた。［　　］

□ 30 間違った日本語が**氾濫**している。［　　］

□ 31 検査で急性胃**潰瘍**と診断された。［　　］

□ 32 物語では悪の**権化**として出てくる。［　　］

標準解答

1 ぜんぞう
2 さいせき
3 くんこう
4 みば
5 せきじつ
6 しゅんけつ
7 きふ
8 いんぺい
9 そうごん
10 きんしょう
11 げん
12 かいきょう
13 かんおう
14 せしゅ
15 さしゅ
16 じょうと
17 ほてん
18 すんか
19 はずかし
20 じみ
21 こうばい
22 うらや
23 とんぷく
24 かげん
25 るいせき
26 ようえん
27 さた
28 きわ
29 しんぼく
30 はんらん
31 かいよう
32 ごんげ

1 **漸増**《ぜんぞう》↓しだいに増えていくこと。
3 **勲功**《くんこう》↓国家や君主のために尽くした功績。
6 **俊傑**《しゅんけつ》↓才能や知恵が他の人よりすぐれていること。
7 **棋譜**《きふ》↓囲碁や将棋の対局の手順を記録したもの。
8 **隠蔽**《いんぺい》↓故意にかくすこと。
18 **寸暇**《すんか》↓少しの時間のゆとり。
23 **頓服**《とんぷく》↓薬を分けて飲むのではなく、一回に飲むこと。

点線で折り、解答を隠しても使えます!

難易度Ⅳ

読み②

目標時間 3分

●次の――線の漢字の読みをひらがなで記せ。

□ 1 接待で**贈賄**罪に問われた。 【　　】

□ 2 書類の**枢要**な部分に赤線を引く。 【　　】

□ 3 マツタケを求めて山々を**渉猟**する。 【　　】

□ 4 経営**破綻**の危機を乗り越えた。 【　　】

□ 5 対策本部の会議は**深更**に及んだ。 【　　】

□ 6 出産に備えて**産着**を買う。 【　　】

□ 7 **堕落**した生活を改める。 【　　】

□ 8 **等閑視**されてきた難題に挑む。 【　　】

□ 9 **倫理**的な観点から問題を提起する。 【　　】

□ 10 古い衣服を**納戸**にしまう。 【　　】

□ 11 胃の**腫瘍**を切り取る手術をした。 【　　】

□ 12 突風に**因**る欠航で足止めをくらう。 【　　】

□ 13 川が増水するのは想像に**難**くない。 【　　】

□ 14 今やパソコンは**汎用**的に使われる。 【　　】

□ 15 **浅薄**な判断だったと後悔する。 【　　】

□ 16 特効薬の誕生が患者の**福音**となる。 【　　】

□ 17 生徒に慕われて教師**冥利**につきる。 【　　】

□ 18 上っ**面**だけの理解にとどまる。 【　　】

あなたの学習の優先度は?
□A □B □C
使い方は20ページ

□ 19 法事の仏前で粛然と読経を聞く。〔　　〕

□ 20 先生のお相伴でごちそうを頂く。〔　　〕

□ 21 柳が枝垂れて地面に着きそうだ。〔　　〕

□ 22 戦争の惨禍を繰り返さない。〔　　〕

□ 23 てんとう虫の斑点がかわいらしい。〔　　〕

□ 24 極楽往生を願って功徳を積む。〔　　〕

□ 25 間隙を突いて攻撃を仕掛けた。〔　　〕

□ 26 両軍の戦いは苛烈を極めた。〔　　〕

□ 27 荒漠たる大地に砂煙が舞う。〔　　〕

□ 28 亡き父の喪に服している。〔　　〕

□ 29 若いのに実に悠揚とした人物だ。〔　　〕

□ 30 料金の未払いで督促状がきた。〔　　〕

□ 31 村に伝わる秘奥の薬があった。〔　　〕

□ 32 近年、町の人口は逓増している。〔　　〕

標準解答

1 ぞうわい
2 すうよう
3 しょうりょう
4 はたん
5 しんこう
6 うぶぎ
7 だらく
8 とうかんし
9 りんり
10 なんど
11 しゅよう
12 よ
13 かた
14 はんよう
15 せんぱく
16 ふくいん
17 みょうり
18 つら
19 しゅくぜん
20 しょうばん
21 しだ
22 さんか
23 はんてん
24 くどく
25 かんげき
26 かれつ
27 こうばく
28 も
29 ゆうよう
30 とくそく
31 ひおう
32 ていぞう

8 等閑視《とうかんし》→おろそかにして放っておくこと。
14 汎用《はんよう》→様々な方面に用いること。
16 福音《ふくいん》→喜ばしい知らせ。
26 苛烈《かれつ》→厳しく、激しいこと。
27 荒漠《こうばく》→荒れはててもの悲しいさま。寂しいさま。
32 逓増《ていぞう》→しだいに増えていくこと。

点線で折り、解答を隠しても使えます!

4時間目

難易度Ⅳ

読み③

目標時間 3分

あなたの学習の優先度は?
□A □B □C
使い方は20ページ

●次の――線の漢字の読みをひらがなで記せ。

□ 1 村の**領袖**として民を統率する。［　　］

□ 2 恩師の**急逝**の報に接する。［　　］

□ 3 うわさの真偽は**定**かではない。［　　］

□ 4 **徹宵**して橋の復旧作業を続けた。［　　］

□ 5 予期せず**筆禍**事件に巻き込まれる。［　　］

□ 6 芸術家の多くが**唯美**主義だ。［　　］

□ 7 不祥事続きで信用を**毀損**した。［　　］

□ 8 ついに**年貢**の納め時がきた。［　　］

□ 9 私の仕事は**繁閑**の差が大きい。［　　］

□ 10 **風霜**を避けるため屋根をつけた。［　　］

□ 11 業界から**放逐**される。［　　］

□ 12 一粒種の女の子を**溺愛**している。［　　］

□ 13 熱いお湯で**煎茶**をいれる。［　　］

□ 14 役員会に**諮**って結論を出す。［　　］

□ 15 週三回通院して**透析**を受ける。［　　］

□ 16 **内裏**びなを飾って成長を祝う。［　　］

□ 17 **頑是**ない子どものなせる業だ。［　　］

□ 18 描き上げた水墨画に**落款**を押す。［　　］

□ 19 修羅場と化した現場に**慄然**とする。

□ 20 **苦吟**の俳句を新聞に投稿した。

□ 21 目標に向けて確実に**漸進**している。

□ 22 **棟上**げ式に家族で出席する。

□ 23 老いた**尼僧**が古寺を守っている。

□ 24 皇帝が反対する勢力を**粛清**した。

□ 25 少数民族の国が**勃興**した。

□ 26 **紺青**に輝く宝石から海を連想する。

□ 27 必要**且**つ十分な条件を挙げる。

□ 28 制度の改革を求めて民が**蜂起**した。

□ 29 金運のご**利益**がある神社だ。

□ 30 芸能情報に**疎**いので会話に困った。

□ 31 **喪心**した表情でたたずむ。

□ 32 苦境にあっても**雄々**しい態度だ。

標準解答

1 りょうしゅう
2 きゅうせい
3 さだ
4 てっしょう
5 ひっか
6 ゆいび
7 きそん
8 ねんぐ
9 はんかん
10 ふうそう
11 ほうちく
12 できあい
13 せんちゃ
14 はか
15 とうせき
16 だいり
17 がんぜ
18 らっかん
19 りつぜん
20 くぎん
21 ぜんしん
22 むねあ
23 にそう
24 しゅくせい
25 ぼっこう
26 こんじょう
27 か
28 ほうき
29 りやく
30 うと
31 そうしん
32 おお

1 領袖《りょうしゅう》→集団の長となる人物。
4 徹宵《てっしょう》→夜通し起きていること。
5 筆禍《ひっか》→自己の著作で受ける災難。
7 毀損《きそん》→物がこわれること、こわすこと。利益などをそこなうこと。
11 放逐《ほうちく》→組織などから追い払うこと。追放すること。
18 落款《らっかん》→書画に作者が署名・押印すること。

点線で折り、解答を隠しても使えます!

4時間目

難易度Ⅳ

部首

目標時間 4分

●次の漢字の部首を記せ。

□ 1 斬〔　　〕

□ 2 釈〔　　〕

□ 3 喪〔　　〕

□ 4 辣〔　　〕

□ 5 疑〔　　〕

□ 6 更〔　　〕

□ 7 且〔　　〕

□ 8 隷〔　　〕

□ 9 摩〔　　〕

□ 10 賓〔　　〕

□ 11 辛〔　　〕

□ 12 首〔　　〕

□ 13 豪〔　　〕

□ 14 舌〔　　〕

□ 15 畝〔　　〕

□ 16 骨〔　　〕

□ 17 遷〔　　〕

□ 18 秀〔　　〕

□ 19 丘〔　　〕

□ 20 升〔　　〕

□ 21 矛〔　　〕

□ 22 竜〔　　〕

□ 23 甚〔　　〕

□ 24 威〔　　〕

□ 25 鼻 〔　　〕

□ 26 虜 〔　　〕

□ 27 亜 〔　　〕

□ 28 臭 〔　　〕

□ 29 殉 〔　　〕

□ 30 幕 〔　　〕

□ 31 麻 〔　　〕

□ 32 丹 〔　　〕

□ 33 版 〔　　〕

□ 34 羅 〔　　〕

□ 35 辱 〔　　〕

□ 36 致 〔　　〕

□ 37 塞 〔　　〕

□ 38 爵 〔　　〕

□ 39 彰 〔　　〕

□ 40 缶 〔　　〕

□ 41 再 〔　　〕

□ 42 傑 〔　　〕

□ 43 魂 〔　　〕

□ 44 童 〔　　〕

標準解答

1 斤（おのづくり）
2 釆（のごめへん）
3 口（くち）
4 辛（からい）
5 疋（ひき）
6 曰（ひらび）
7 一（いち）
8 隶（れいづくり）
9 手（て）
10 貝（かい）
11 辛（からい）
12 首（くび）
13 豕（ぶた）
14 舌（した）
15 田（た）
16 骨（ほね）
17 辶（しんにょう）
18 禾（のぎ）
19 一（いち）
20 十（じゅう）
21 矛（ほこ）
22 竜（りゅう）
23 甘（かん）
24 女（おんな）
25 鼻（はな）
26 虍（とらがしら）
27 二（に）
28 自（みずから）
29 歹（かばねへん）
30 巾（はば）
31 麻（あさ）
32 丶（てん）
33 片（かたへん）
34 罒（あみがしら）
35 辰（しんのたつ）
36 至（いたる）
37 土（つち）
38 爫（つめかんむり）
39 彡（さんづくり）
40 缶（ほとぎ）
41 冂（どうがまえ）
42 亻（にんべん）
43 鬼（おに）
44 立（たつ）

点線で折り、解答を隠しても使えます！

4時間目

難易度Ⅳ

熟語の構成①

目標時間
3分

あなたの学習の優先度は?
□A □B □C
使い方は20ページ

●熟語の構成には、次のようなものがある。

ア 同じような意味の字を重ねたもの（例 岩石）
イ 反対または対応の意味を表す字を重ねたもの（例 高低）
ウ 上の字が下の字を修飾しているもの（例 洋画）
エ 下の字が上の字の目的語・補語になっているもの（例 着席）
オ 上の字が下の字の意味を打ち消しているもの（例 非常）

●次の熟語は右のア～オのどれにあたるか、一つ選んで記号を記せ。

□ 1 甲殻［　］
□ 2 順逆［　］
□ 3 尼僧［　］
□ 4 遡源［　］
□ 5 硝煙［　］
□ 6 核心［　］
□ 7 謙遜［　］
□ 8 伴侶［　］
□ 9 虜囚［　］
□ 10 分析［　］
□ 11 銃創［　］
□ 12 奔流［　］

□ 13 献呈〔　　〕

□ 14 暗礁〔　　〕

□ 15 懐郷〔　　〕

□ 16 親疎〔　　〕

□ 17 漆黒〔　　〕

□ 18 頻度〔　　〕

□ 19 抗菌〔　　〕

□ 20 還元〔　　〕

□ 21 嫌忌〔　　〕

□ 22 媒介〔　　〕

□ 23 繊毛〔　　〕

□ 24 収賄〔　　〕

□ 25 諭旨〔　　〕

□ 26 懲悪〔　　〕

□ 27 赴任〔　　〕

□ 28 英俊〔　　〕

標準解答

1 ア 甲も殻も「体を覆うかたい殻」の意
2 イ 「正しい順序」↕「逆の順序」
3 ウ 「出家した女性の（尼）↓僧」の意
4 エ 「さかのぼる↑みなもとに」の意
5 ウ 「火薬（硝）の発火で生じる↓煙」の意
6 ア 核も心も「中心」の意
7 ア 謙も遜も「へりくだる」の意
8 ア 伴も侶も「ともづれ」の意
9 ア 虜も囚も「とらわれの身」の意
10 ア 分も析も「分ける」の意

11 ウ 「銃弾による↓傷（創）」の意
12 ウ 「勢いが激しい（奔）↓流れ」の意
13 ア 献も呈も「物をささげる」の意
14 ウ 「隠れている（暗）↓岩（礁）」の意
15 エ 「懐かしく思う↑故郷を」の意
16 イ 「親しい」↕「疎遠」
17 ウ 「漆のような↓黒い艶」の意
18 ウ 「頻《しき》りに繰り返す↓度合い」の意
19 エ 「抑える（抗）↑細菌を」の意
20 エ 「戻す（還）↑元の状態に」の意

21 ア 嫌も忌も「きらう」の意
22 ア 媒も介も「仲立ち」の意
23 ウ 「細い（繊）↓毛」の意
24 エ 「収受する↑賄賂を」の意
25 エ 「言い聞かせる（諭）↑趣旨を」の意
26 エ 「懲らしめる↑悪を」の意
27 エ 「赴く↑任地へ」の意
28 ア 英も俊も「人より優れている」の意

点線で折り、解答を隠しても使えます！

4時間目

難易度Ⅳ

熟語の構成②

目標時間 3分

あなたの学習の優先度は?
□A □B □C
使い方は20ページ

●熟語の構成には、次のようなものがある。

ア 同じような意味の字を重ねたもの（例 岩石）
イ 反対または対応の意味を表す字を重ねたもの（例 高低）
ウ 上の字が下の字を修飾しているもの（例 洋画）
エ 下の字が上の字の目的語・補語になっているもの（例 着席）
オ 上の字が下の字の意味を打ち消しているもの（例 非常）

●次の熟語は右のア～オのどれにあたるか、一つ選んで記号を記せ。

□ 1 余剰［　　］
□ 2 免租［　　］
□ 3 雅俗［　　］
□ 4 殉教［　　］
□ 5 多寡［　　］
□ 6 罷業［　　］
□ 7 旦夕［　　］
□ 8 露顕［　　］
□ 9 明滅［　　］
□ 10 渉外［　　］
□ 11 疲弊［　　］
□ 12 河畔［　　］

□ 13 脚韻 ［　　］

□ 14 往還 ［　　］

□ 15 任免 ［　　］

□ 16 禍福 ［　　］

□ 17 懇請 ［　　］

□ 18 土壌 ［　　］

□ 19 抑揚 ［　　］

□ 20 未了 ［　　］

□ 21 逸脱 ［　　］

□ 22 環礁 ［　　］

□ 23 義憤 ［　　］

□ 24 争覇 ［　　］

□ 25 紛糾 ［　　］

□ 26 愚痴 ［　　］

□ 27 霊魂 ［　　］

□ 28 披露 ［　　］

標準解答

1 ア 余も剰も「あまり」の意
2 エ 「免除する↑租税を」の意
3 イ 「風雅」↕「卑俗」
4 エ 「命をささげる（殉）↑宗教に」の意
5 イ 「多い」↕「少ない（寡）」
6 エ 「やめる（罷）↑仕事（業）を」の意
7 イ 「朝（旦）」↕「晩」
8 ア 露も顕も「あきらかになる」の意
9 イ 「明かりがつく」↕「消える（滅）」
10 エ 「交渉する↑外部と」の意

11 ア 疲も弊も「つかれる」の意
12 ウ 「河の↓畔《ほとり》」の意
13 ウ 「詩歌の句末（脚）を↓同じ韻にする」の意
14 イ 「行く（往）」↕「来る（還）」
15 イ 「任命」↕「免職」
16 イ 「禍（わざわい）」↕「幸福」
17 ウ 「心を込めて（懇）↓頼む（請）」の意
18 ア 土も壌も「土」の意
19 イ 「調子を抑える」↕「調子を上げる（揚）」
20 オ いまだに終了していないこと

21 ア 逸も脱も「ぬける」の意
22 ウ 「環状の↓珊瑚《さんご》礁」の意
23 ウ 「道義に外れたことに対する↓憤り」の意
24 エ 「争う↑覇権を」の意
25 ア 紛も糾も「乱れる」の意
26 ア 愚も痴も「おろかな様子」の意
27 ア 霊も魂も「たましい」の意
28 ア 披も露も「あらわにする」の意

点線で折り、解答を隠しても使えます！

4時間目

難易度Ⅳ

同音・同訓異字

目標時間 4分

あなたの学習の優先度は?

□A □B □C

使い方は20ページ

● 次の――線のカタカナを漢字に直せ。

□ 1 和洋装のモ服を新調した。

□ 2 川の中でモが繁殖している。

□ 3 沈痛な面持ちでソウレツに並ぶ。

□ 4 ソウレツをきわめた戦いだ。

□ 5 泉からセイチョウな水が湧き出る。

□ 6 納豆にはセイチョウ作用がある。

□ 7 ソッコウで宿敵を負かした。

□ 8 ソッコウに雨水が流れ込む。

□ 9 部長の提案にシュコウする。

□ 10 シュコウを凝らした作品が並ぶ。

□ 11 ライバル企業をサンカに収める。

□ 12 戦争のサンカを繰り返すな。

□ 13 テンジョウ員が観光案内をする。

□ 14 テンジョウから電灯をつり下げる。

□ 15 ジュウトウ法違反で逮捕された。

□ 16 補助金を事業費にジュウトウする。

□ 17 購入したばかりの株がトウキした。

□ 18 質感のよいトウキを入手した。

□ 19 感染症のボウエキ対策を講じる。

□ 20 関税を撤廃しボウエキ拡大を図る。

21 国家の機密情報がモれる。

22 皿に前菜をモりつける。

23 珍重な磁器を王にケンジョウする。

24 ケンジョウの美徳を発揮する。

25 彼の自由ホンポウさにあこがれる。

26 ホンポウ初公開の舞台を見に行く。

27 書道のスミをすると心が落ち着く。

28 校庭のスミに花壇が設けられた。

29 両者の勢力はキンコウを保っている。

30 東京キンコウの住宅地に引っ越す。

31 経歴のサショウが発覚する。

32 旅行者にサショウを発給する。

33 山のハにかかる月が美しい。

34 ほうきを使って庭の枯れ葉をハく。

35 二列ジュウタイで行進する。

36 週末は道路がジュウタイしている。

標準解答

1 喪
2 藻
3 葬列
4 壮烈
5 清澄
6 整腸
7 速攻
8 側溝
9 首肯
10 趣向
11 傘下
12 惨禍
13 添乗
14 天井
15 銃刀
16 充当
17 騰貴
18 陶器
19 防疫
20 貿易
21 漏
22 盛
23 献上
24 謙譲
25 奔放
26 本邦
27 墨
28 隅
29 均衡
30 近郊
31 詐称
32 査証
33 端
34 掃
35 縦隊
36 渋滞

4 壮烈《そうれつ》↓激しく勇ましい様子。

9 首肯《しゅこう》↓うなずくこと。

12 惨禍《さんか》↓人災や天災などによる、いたましい災難。

17 騰貴《とうき》↓物の価格や相場が上がること。

23 献上《けんじょう》↓身分の高い人に物品を差し上げること。

32 査証《さしょう》↓ビザ。入国希望者に対し受け入れ側の国が発行する入国許可証。

点線で折り、解答を隠しても使えます!

4時間目

難易度Ⅳ

書き取り①

目標時間 4分

●次の——線のカタカナを漢字に直せ。

□ 1 大名はテッポウ隊で力を誇示した。〔　　〕
□ 2 不意の質問で答えにキュウした。〔　　〕
□ 3 志半ばにしてキョウジンに倒れた。〔　　〕
□ 4 自己ケイハツの研修に参加した。〔　　〕
□ 5 水道のジャロをひねる。〔　　〕
□ 6 お話を伺えてコウジンに存じます。〔　　〕
□ 7 最後までアキラめずに頑張った。〔　　〕
□ 8 ユエあって、提案には沿いかねる。〔　　〕
□ 9 ホテった体に夜の風が心地よい。〔　　〕
□ 10 カイキンシャツにアイロンをかける。〔　　〕
□ 11 厳かに国旗のケイヨウが行われた。〔　　〕
□ 12 傘を忘れてヒサメが身に染みる。〔　　〕
□ 13 進学先を自分でセンタクする。〔　　〕
□ 14 キセイの事実として知られている。〔　　〕
□ 15 研究はナンジュウを極めた。〔　　〕
□ 16 風邪のショウジョウが見られる。〔　　〕
□ 17 クンプウの季節がやってきた。〔　　〕
□ 18 エンは異なもの味なもの。〔　　〕
□ 19 カブンにして存じません。〔　　〕
□ 20 長引く不況に社員もウレえる。〔　　〕

あなたの学習の優先度は?
□A □B □C
使い方は20ページ

□ 21 よいドジョウにはよい植物が育つ。〔　　〕

□ 22 チョウカを一匹ずつ確かめた。〔　　〕

□ 23 入院をケイキに生活態度を改める。〔　　〕

□ 24 図書館の本のマタガしは禁止だ。〔　　〕

□ 25 毎日堤防を走って体をキタえる。〔　　〕

□ 26 部屋のカタスミに物が落ちている。〔　　〕

□ 27 チームの勝利にコウケンする。〔　　〕

□ 28 講演中はセイシュクに願います。〔　　〕

□ 29 担当者とキンミツな連絡をとる。〔　　〕

□ 30 リョウシは狩りに森に入った。〔　　〕

□ 31 会社にタイグウの改善を求める。〔　　〕

□ 32 人生のハンリョを見つける。〔　　〕

□ 33 チンプな表現が目立つ小説だ。〔　　〕

□ 34 クジラは最も大きい哺乳動物だ。〔　　〕

□ 35 ヒッス項目に漏れなく記入した。〔　　〕

□ 36 弱音をハかずに猛訓練に耐える。〔　　〕

標準解答

1 鉄砲
2 窮
3 凶刃
4 啓発
5 蛇
6 幸甚
7 諦
8 故
9 火照
10 開襟
11 掲揚
12 氷雨
13 選択
14 既成
15 難渋
16 症状
17 薫風
18 縁
19 寡聞
20 憂
21 土壌
22 釣果
23 契機
24 又貸
25 鍛
26 片隅
27 貢献
28 静粛
29 緊密
30 猟師
31 待遇
32 伴侶
33 陳腐
34 鯨
35 必須
36 吐

点線で折り、解答を隠しても使えます！

4時間目

難易度Ⅳ

書き取り②

目標時間
4分

あなたの学習の優先度は?
□A □B □C
使い方は20ページ

●次の――線のカタカナを漢字に直せ。

□ 1 ジゴクの概念について考える。〔　　〕
□ 2 親子の関係にキレツが生じる。〔　　〕
□ 3 建前論はカンベン願いたい。〔　　〕
□ 4 あだを討って武士の本懐をトげる。〔　　〕
□ 5 試合中に十針もヌう大けがをした。〔　　〕
□ 6 失言して上司のキゲンを損ねる。〔　　〕
□ 7 終業後にチョウボを確認する。〔　　〕
□ 8 人をウラヤむ前に努力すべきだ。〔　　〕
□ 9 破格のショグウでスカウトされた。〔　　〕
□ 10 美味な魚にシタツヅミを打つ。〔　　〕
□ 11 彼の運動神経はタクバツしている。〔　　〕
□ 12 部屋のシツドを最適に保つ。〔　　〕
□ 13 ガロウで絵を購入する。〔　　〕
□ 14 シュンジュウに富む人が多い。〔　　〕
□ 15 ショウチュウを水で割って飲む。〔　　〕
□ 16 不幸なキョウグウに育った。〔　　〕
□ 17 浪士が肩をイカらせて歩く。〔　　〕
□ 18 相手のチョウハツに乗る。〔　　〕
□ 19 将棋道場でコマの音が響いている。〔　　〕
□ 20 夜更かしは体の成長をサマタげる。〔　　〕

21 意見が真っ向からショウトツする。

22 ケイセツの功が実り合格した。

23 大雨によるコウズイが発生する。

24 多くの人がチョウモンに訪れる。

25 ヨイっ張りの朝寝坊。

26 初対面の人と言葉をカわした。

27 ブーツ型のアマグツが人気を呼ぶ。

28 祖父がリウマチをハッショウする。

29 掃きだめにツル。

30 利用者のスソノを広げることが目的だ。

31 役員人事をサッシンする。

32 彼女は帽子をマブカにかぶる。

33 神前にて結婚のチギりをかわした。

34 友人に資金調達のベンギを図った。

35 マッチをスって明かりを灯す。

36 強盗事件のソウサを開始する。

標準解答

1 地獄
2 亀裂
3 勘弁
4 遂
5 縫
6 機嫌
7 帳簿
8 羨
9 処遇
10 舌鼓
11 卓抜
12 湿度
13 画廊
14 春秋
15 焼酎
16 境遇
17 怒
18 挑発
19 駒
20 妨
21 衝突
22 蛍雪
23 洪水
24 弔問
25 宵
26 交
27 雨靴
28 発症
29 鶴
30 裾野
31 刷新
32 目深
33 契
34 便宜
35 擦
36 捜査

点線で折り、解答を隠しても使えます！

4時間目

難易度Ⅳ

書き取り③

目標時間
4分

あなたの学習の優先度は?
□A □B □C
使い方は20ページ

●次の――線のカタカナを漢字に直せ。

□ 1 道端に一輪の花がサいている。

□ 2 トクメイで意見書を投稿する。

□ 3 人知れずクドクを積んでいる。

□ 4 ユイショある家柄に生まれる。

□ 5 メモ用紙にナグり書きする。

□ 6 史上初のカイキョを成し遂げる。

□ 7 凶悪犯がようやくタイホされた。

□ 8 病院まで母に付きソう。

□ 9 弱小集団がセンプウを巻き起こす。

□ 10 情報処理の課程をリシュウした。

□ 11 キョウリョウな性格で人望がない。

□ 12 事を荒立てずオンビンに済ます。

□ 13 容疑者の実名をフせて報道する。

□ 14 まんまと敵をアザムいた。

□ 15 新しいタタミは青々としている。

□ 16 アイビョウ家として知られている。

□ 17 食欲がオウセイですくすくと育つ。

□ 18 ケる馬も乗り手次第。

□ 19 かには甲羅に似せて穴をホる。

□ 20 人には百八のボンノウがある。

□ 21 自国の領土から敵軍をクチクした。

□ 22 銀行でショウガイの担当をする。

□ 23 登録済みの情報をマッショウする。

□ 24 フルってご参加ください。

□ 25 本の読み過ぎで視力がオトロえる。

□ 26 目的のためには己もギセイにする。

□ 27 先生の手をワズラわした。

□ 28 イの中のかわず大海を知らず。

□ 29 過去のザイゴウを省みる。

□ 30 今は富豪でも昔はビンボウだった。

□ 31 彼女は髪を触るクセがある。

□ 32 絹糸は蚕のマユから作られる。

□ 33 政府高官にワイロが渡った。

□ 34 赤ん坊にウブユを使わせる。

□ 35 机の周りをセイトンする。

□ 36 体裁を気にしてキョセイを張る。

標準解答

1 咲	2 匿名	3 功徳	4 由緒	5 殴	6 快挙
7 逮捕	8 添	9 旋風	10 履修	11 狭量	12 穏便
13 伏	14 欺	15 畳	16 愛猫	17 旺盛	18 蹴
19 掘	20 煩悩	21 駆逐	22 渉外	23 抹消	24 奮
25 衰	26 犠牲	27 煩	28 井	29 罪業	30 貧乏
31 癖	32 繭	33 賄賂	34 産湯	35 整頓	36 虚勢

点線で折り、解答を隠しても使えます!

対義語・類義語①

目標時間
5分

あなたの学習の優先度は?
□A □B □C
使い方は20ページ

●次の□の中の語を一度だけ使って漢字に直し、対義語・類義語を記せ。

対義語

□1 獲得［　　］
□2 悠長［　　］
□3 圧勝［　　］
□4 隆起［　　］

類義語

□5 筋道［　　］
□6 丹念［　　］
□7 猛者［　　］
□8 脅迫［　　］

いかく・かんぼつ・ごうけつ・ざんぱい・せいきゅう・そうしつ・ていねい・みゃくらく

対義語

□9 豪放［　　］
□10 冗漫［　　］
□11 寛容［　　］
□12 巧妙［　　］

類義語

□13 献上［　　］
□14 由来［　　］
□15 長者［　　］
□16 混乱［　　］

えんぎ・かんけつ・きょうりょう・しんてい・せつれつ・せんさい・ふごう・ふんきゅう

対義語

□ 17 虚弱〔　　〕

□ 18 弟子〔　　〕

□ 19 直系〔　　〕

□ 20 助長〔　　〕

類義語

□ 21 処罰〔　　〕

□ 22 計略〔　　〕

□ 23 悪習〔　　〕

□ 24 貧困〔　　〕

きゅうぼう・きょうそう・さくぼう・ししょう・そがい・ちょうかい・へいふう・ぼうけい

対義語

□ 25 強硬〔　　〕

□ 26 侵害〔　　〕

□ 27 過激〔　　〕

□ 28 提出〔　　〕

類義語

□ 29 庶民〔　　〕

□ 30 必死〔　　〕

□ 31 我慢〔　　〕

□ 32 継承〔　　〕

おんけん・けんめい・てっかい・とうしゅう・なんじゃく・にんたい・みんしゅう・ようご

標準解答

1 喪失《そうしつ》
2 性急《せいきゅう》
3 惨敗《ざんぱい》
4 陥没《かんぼつ》
5 脈絡《みゃくらく》
6 丁寧《ていねい》
7 豪傑《ごうけつ》
8 威嚇《いかく》
9 繊細《せんさい》
10 簡潔《かんけつ》
11 狭量《きょうりょう》
12 拙劣《せつれつ》
13 進呈《しんてい》
14 縁起《えんぎ》
15 富豪《ふごう》
16 紛糾《ふんきゅう》
17 強壮《きょうそう》
18 師匠《ししょう》
19 傍系《ぼうけい》
20 阻害《そがい》
21 懲戒《ちょうかい》
22 策謀《さくぼう》
23 弊風《へいふう》
24 窮乏《きゅうぼう》
25 軟弱《なんじゃく》
26 擁護《ようご》
27 穏健《おんけん》
28 撤回《てっかい》
29 民衆《みんしゅう》
30 懸命《けんめい》
31 忍耐《にんたい》
32 踏襲《とうしゅう》

11 **狭量《きょうりょう》**→人や物事を受け入れる心が狭いこと。

12 **拙劣《せつれつ》**→程度が低く技術などが劣っていること。

19 **傍系《ぼうけい》**→直系から分かれた系統。

27 **穏健《おんけん》**→おだやかでしっかりしているさま。

点線で折り、解答を隠しても使えます!

4時間目

難易度Ⅳ

対義語・類義語②

目標時間 5分

あなたの学習の優先度は?

□A □B □C

使い方は20ページ

●次の□の中の語を一度だけ使って漢字に直し、対義語・類義語を記せ。

対義語

□ 1 切開〔　　〕

□ 2 美談〔　　〕

□ 3 疎遠〔　　〕

□ 4 威圧〔　　〕

類義語

□ 5 降格〔　　〕

□ 6 操業〔　　〕

□ 7 進言〔　　〕

□ 8 豊富〔　　〕

かいじゅう・かどう・ぐしん・こんい・させん・しゅうぶん・じゅんたく・ほうごう

対義語

□ 9 粗略〔　　〕

□ 10 急落〔　　〕

□ 11 隠微〔　　〕

□ 12 答申〔　　〕

類義語

□ 13 固執〔　　〕

□ 14 庶民〔　　〕

□ 15 卓越〔　　〕

□ 16 貧乏〔　　〕

きゅうとう・けっさく・けんちょ・こんきゅう・しもん・たいしゅう・ていねい・ぼくしゅ

対義語

□ 17 払暁 〔　〕

□ 18 模倣 〔　〕

□ 19 拒絶 〔　〕

□ 20 解放 〔　〕

類義語

□ 21 功名 〔　〕

□ 22 昼寝 〔　〕

□ 23 互角 〔　〕

□ 24 反逆 〔　〕

ごすい・しゅくん・じゅだく・そうぞう・そくばく・はくちゅう・はくぼ・むほん

対義語

□ 25 空虚 〔　〕

□ 26 召還 〔　〕

□ 27 削除 〔　〕

□ 28 新鋭 〔　〕

類義語

□ 29 攻略 〔　〕

□ 30 平穏 〔　〕

□ 31 比肩 〔　〕

□ 32 根幹 〔　〕

あんたい・かくしん・こごう・じゅうじつ・だっしゅ・てんか・はけん・ひってき

標準解答

1 縫合《ほうごう》

2 醜聞《しゅうぶん》

3 懇意《こんい》

4 懐柔《かいじゅう》

5 左遷《させん》

6 稼働《かどう》

7 具申《ぐしん》

8 潤沢《じゅんたく》

9 丁寧《ていねい》

10 急騰《きゅうとう》

11 顕著《けんちょ》

12 諮問《しもん》

13 墨守《ぼくしゅ》

14 大衆《たいしゅう》

15 傑作《けっさく》

16 困窮《こんきゅう》

17 薄暮《はくぼ》

18 創造《そうぞう》

19 受諾《じゅだく》

20 束縛《そくばく》

21 殊勲《しゅくん》

22 午睡《ごすい》

23 伯仲《はくちゅう》

24 謀反《むほん》

25 充実《じゅうじつ》

26 派遣《はけん》

27 添加《てんか》

28 古豪《こごう》

29 奪取《だっしゅ》

30 安泰《あんたい》

31 匹敵《ひってき》

32 核心《かくしん》

2 醜聞《しゅうぶん》→人を傷つけるような、悪いうわさ。

3 懇意《こんい》→仲よくつきあうこと。

17 薄暮《はくぼ》→日が暮れようとするころ。

26 派遣《はけん》→使命を与え、他の地へ行かせること。

難易度Ⅳ

誤字訂正①

目標時間
5分

あなたの学習の優先度は？
□A □B □C
使い方は20ページ

●次の各文に間違って使われている同じ音訓の漢字が一字ある。上に誤字を、下に正しい漢字を記せ。

□ **1** 放課後校庭で鬼ごっこをしていた息子が転んでひざを擦りむいたので、消毒液を用いて傷口を殺禁した。 〔　→　〕

□ **2** 相互の主張を健持すると問題を複雑化させ、大国の干渉を招き、かえって国益を損ねることが多い。 〔　→　〕

□ **3** 日が落ちるころ、巨大な山車を先頭に、多数の参加者が各々工夫を懲らした衣装に身を包み、街を練り歩く。 〔　→　〕

□ **4** 野菜を確実に結実させるには堆肥をまいて通気と排水を良くし、深く耕すなどの土状改良が必要だ。 〔　→　〕

□ **5** 災害後に大規模な支援を受けたことを継機に、険悪を極めた両国の関係が良好な雰囲気に転換しつつある。 〔　→　〕

□ **6** 朝と夕方に必ず発生していた充滞を解消する回り道の開通は、近隣住民や運送業者の悲願であった。 〔　→　〕

□ **7** 自転車で道路を走行しながらの携帯電話の使用・通話は非常に危険であり、警察による敵発の対象となる。 〔　→　〕

□ **8** 近所の私立高校では、芸能鑑賞会や二泊三日の雪中登山など、生徒会が中心となって多細な行事が行われる。 〔　→　〕

□ **9** 食品偽装問題の発覚以来、健康のため無農薬で有機肥料を使用して野菜を栽媒する家庭が増えている。　［　　］↓［　　］

□ **10** 事件発生後最初の操査がその後の真相究明には重要な鍵となるので、慎重に行われる必要がある。　［　　］↓［　　］

□ **11** 赤や黄の落ち葉を踏み分け、傾谷のせせらぎや鳥の鳴き声に耳を澄ませながら、しばらく山道を散策した。　［　　］↓［　　］

□ **12** 集中豪雨で増水した河川に取り残された児童を救助した大学生に対し、警察署長から感謝状が贈提された。　［　　］↓［　　］

□ **13** 古墳から発掘された装飾品や土器などの偉物が博物館に展示され、連日多くの来場者でにぎわっている。　［　　］↓［　　］

□ **14** 二年に一度開催される技能の国際大会で、出場した選手は日常の成果である高度な技術を存分に秘露した。　［　　］↓［　　］

□ **15** その品種は収獲までの年数が短い上に樹高が低くて作業が楽なため、高齢の果樹栽培農家に人気が高い。　［　　］↓［　　］

□ **16** 工場は悪醜を敷地外に排出しない装置を取り付け、近隣住民から苦情が寄せられないよう配慮している。　［　　］↓［　　］

標準解答

1 禁↓菌
2 健↓堅
3 懲↓凝
4 状↓壌
5 継↓契
6 充↓渋
7 敵↓摘
8 細↓彩
9 媒↓培
10 操↓捜
11 傾↓渓
12 提↓呈
13 偉↓遺
14 秘↓披
15 獲↓穫
16 醜↓臭

2 **堅持《けんじ》**↓考えなどをかたく守って譲らないこと。
5 **契機《けいき》**↓物事をはじめるきっかけとなること。
7 **摘発《てきはつ》**↓かくされている悪事などをあばいて公表すること。
11 **渓谷《けいこく》**↓山と山の間の川のあるところ。

4時間目

難易度Ⅳ

誤字訂正②

●次の各文に間違って使われている同じ音訓の漢字が一字ある。
上に誤字を、下に正しい漢字を記せ。

□ 1 販売実数のさらなる増加のためには、消費者のニーズを把握することと潜在的な雇客を発掘する必要がある。　［　　］→［　　］

□ 2 自動車の急発進・急加速により燃料が多く消費され、地球温暖化の原因となる二酸化炭素の廃出量も増える。　［　　］→［　　］

□ 3 高圧・暗黒・貧栄養の深海や極寒の南極など、どんなに過克な環境にも、生態系を構築する生物群がいる。　［　　］→［　　］

□ 4 地域密着型の味力あふれる商店街の復活のため、地元住民と商店主が一体となって様々な戦略を練った。　［　　］→［　　］

□ 5 河川の氾濫と土砂崩れにより、各地で道路が寸断され、物資の流通や鉄道の運行に迅大な影響が出た。　［　　］→［　　］

□ 6 砂漠に生息する大型の肉食動物が保食する様子を間近で観察し、あまりの迫力に写真を撮る手が震えた。　［　　］→［　　］

□ 7 洞内の温度は一年中冷下十度以下に保たれ、無数の巨大な氷柱が幻想的で幽玄な景色を演出している。　［　　］→［　　］

□ 8 結婚式の披露宴開始前には、会場責任者が音叫機材の設置や照明機器に不具合がないか確認に追われていた。　［　　］→［　　］

□ **9** 家電量販店による価格競争の影響を受けて、テレビ事業からの撤退を余技なくされる製造企業が続出した。［　］↓［　］

□ **10** 情報技術を苦使した遠隔操作ロボットの開発により、郊外の住民も最先端の医療を受けることが可能になる。［　］↓［　］

□ **11** 赤外線を検知する特殊カメラで撮影し、視認が不可能なコンクリート構造物内部の劣化状況を審断する。［　］↓［　］

□ **12** 従来は不可能とされた多くの機能を搭載した新製品の登場は、これまでの該念を覆すに十分値するものだ。［　］↓［　］

□ **13** 伝統と現代をテーマにした和服の展覧会では古典とモダンが融合した意粧を凝らした作品が紹介されていた。［　］↓［　］

□ **14** 従実した枝の先端部に芽が形成され、翌春、そこから発生した短枝の付け根に数個ずつ薄紅色の花が咲く。［　］↓［　］

□ **15** 書道の師範が何気なく色紙にしたためた和歌は、流冷な墨文字の黒と余白の白との対比で深い味わいを醸している。［　］↓［　］

□ **16** 救急や消防、警察だけでなく、血液や移植用臓器の運搬用車両も勤急自動車として認められている。［　］↓［　］

標準解答

1 雇↓顧
2 廃↓排
3 克↓酷
4 味↓魅
5 迅↓甚
6 保↓捕
7 冷↓零
8 叫↓響
9 技↓儀
10 苦↓駆
11 審↓診
12 該↓概
13 粧↓匠
14 従↓充
15 冷↓麗
16 勤↓緊

5 **甚大《じんだい》**↓物事の程度が非常に大きいこと。
7 **零下《れいか》**↓温度が零度以下であること。
12 **概念《がいねん》**↓物事の全般にわたるおおよその意味。
15 **流麗《りゅうれい》**↓なだらかでよどみがなく、美しいさま。

点線で折り、解答を隠しても使えます!

四字熟語

目標時間
5分

●次の［　　］に漢字二字を入れて四字熟語を完成させよ。

□ 1 ［　　］衝天
↳髪が逆立つほど激しく怒ること。

□ 2 ［　　］禁断
↳生き物を殺さないよう命じること。

□ 3 ［　　］果断
↳素早く決断し、実行すること。

□ 4 放歌［　　］
↳あたりかまわず大声で歌うこと。

□ 5 ［　　］百出
↳言動に難があり綻びが次々に現れること。

□ 6 唯唯［　　］
↳物事の是非を判断せずに、他人の意見に従うこと。

□ 7 詩歌［　　］
↳文学と音楽。

□ 8 ［　　］弱行
↳意志がよわく実行力が乏しいこと。

□ 9 ［　　］三斗
↳非常に恐ろしい目にあうこと。

□ 10 円転［　　］
↳物事をそつなくとりしきる様子。

□ 11 巧遅［　　］
↳上手で遅いより、下手でも速いほうがよいということ。

□ 12 ［　　］心小
↳大胆かつ細心の注意を払うこと。

□ 13 ［　　］協同
↳心を同じくしてともに力を合わせること。

□ 14 ［　　］瓦鶏
↳形ばかりで役に立たないもののたとえ。

□ 15 高論［　　］
↳すぐれた意見や議論。

□ 16 勢力［　　］
↓力が接近していて優劣がつけにくいさま。

□ 17 ［　　］扇動
↓そそのかして人の心をあおりたてること。

□ 18 英俊［　　］
↓大勢の中で、ひときわすぐれた人物。

□ 19 ［　　］奇策
↓他の人の思いつかないようなすぐれたはかりごと。

□ 20 雲水［　　］
↓僧が修行のために諸国を巡ること。

□ 21 ［　　］外親
↓内心では嫌っていながら、表面上は親しげにすること。

□ 22 ［　　］一紅
↓多くのものが存在する中で、一つだけ抜き出たものがあること。

□ 23 ［　　］得喪
↓幸福と不幸は表裏一体であるということ。

□ 24 片言［　　］
↓ほんのちょっとした言葉。

□ 25 暖衣［　　］
↓なんの不足もない満ち足りた生活。

□ 26 ［　　］冬扇
↓役に立たないもののたとえ。

□ 27 ［　　］絶佳
↓素晴らしい見晴らし。

標準解答

1 怒髪衝天《どはつしょうてん》
2 殺生禁断《せっしょうきんだん》
3 迅速果断《じんそくかだん》
4 放歌高吟《ほうかこうぎん》
5 破綻百出《はたんひゃくしゅつ》
6 唯唯諾諾《いいだくだく》
7 詩歌管弦《しいかかんげん》
8 薄志弱行《はくしじゃっこう》
9 冷汗三斗《れいかんさんと》
10 円転滑脱《えんてんかつだつ》
11 巧遅拙速《こうちせっそく》
12 胆大心小《たんだいしんしょう》
13 和衷協同《わちゅうきょうどう》
14 陶犬瓦鶏《とうけんがけい》
15 高論卓説《こうろんたくせつ》
16 勢力伯仲《せいりょくはくちゅう》
17 教唆扇動《きょうさせんどう》
18 英俊豪傑《えいしゅんごうけつ》
19 妙計奇策《みょうけいきさく》
20 雲水行脚《うんすいあんぎゃ》
21 内疎外親《ないそがいしん》
22 万緑一紅《ばんりょくいっこう》
23 禍福得喪《かふくとくそう》
24 片言隻語《へんげんせきご》・片言隻句《へんげんせきく》
25 暖衣飽食《だんいほうしょく》
26 夏炉冬扇《かろとうせん》
27 眺望絶佳《ちょうぼうぜっか》

点線で折り、解答を隠しても使えます!

熟語パズル

問題

下のパズルの空欄に漢字一字を入れて、四字熟語を完成させてみましょう。ブロックが４つ連なっている部分は、漢字を入れると四字熟語になります。全部解けますか？

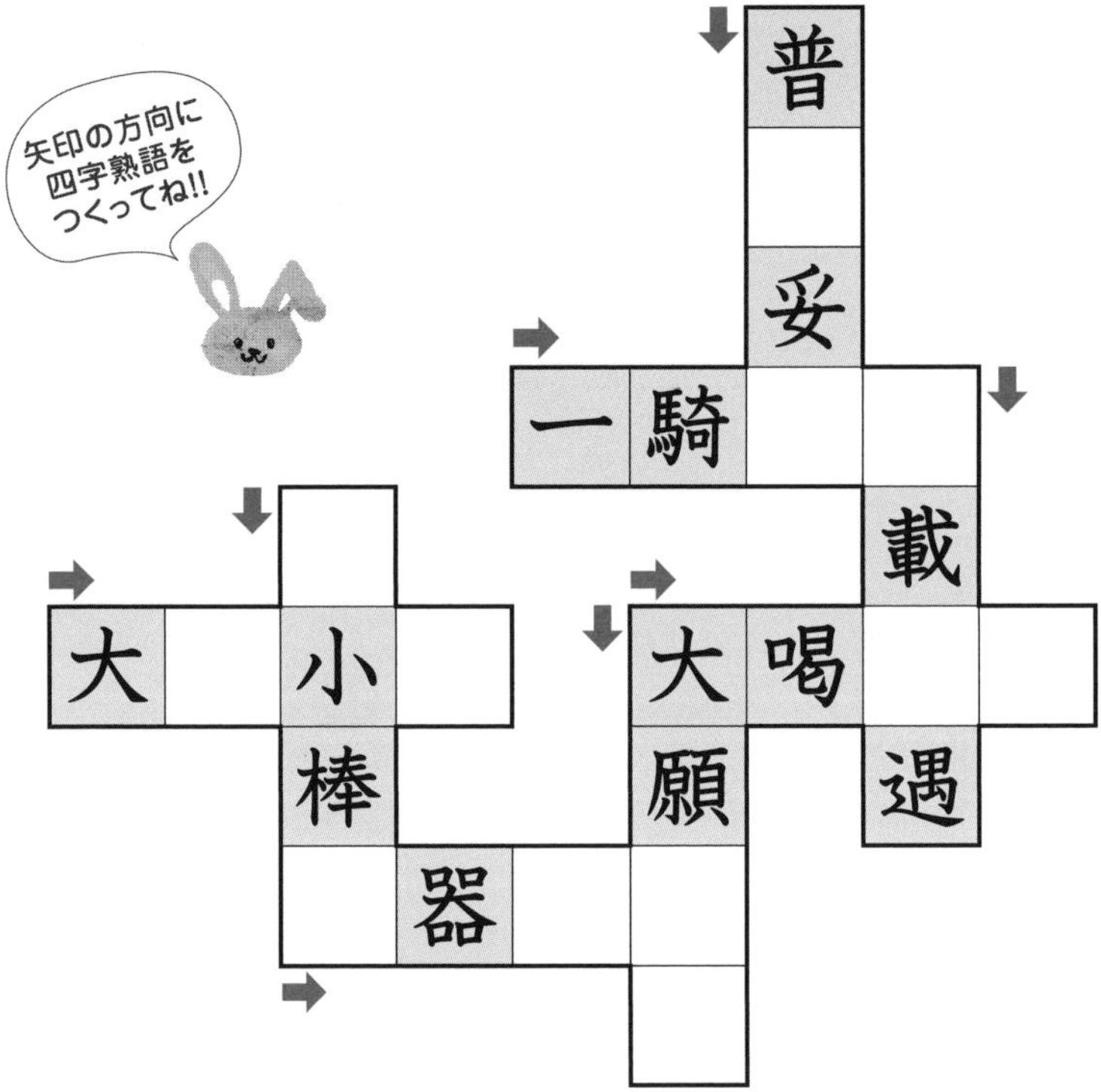

答え

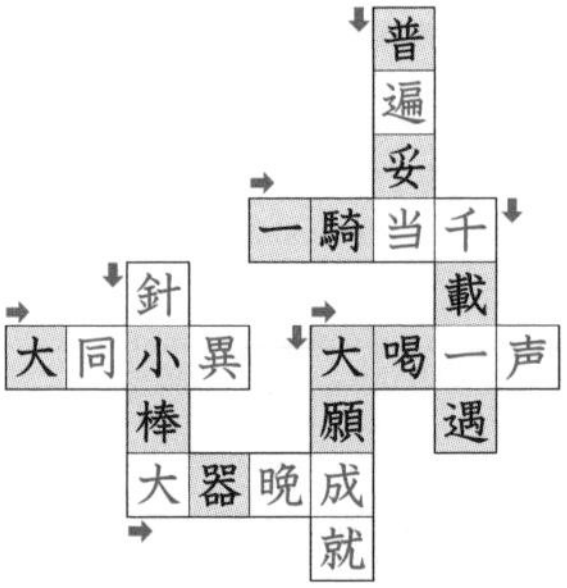

curriculum

5時間目

模擬テスト

最後の総仕上げが模擬テストです。
本試験と同様の形式の問題を、制限時間内で解き、実力を確かめましょう。

5時間目

模擬テスト

★★ 合格安全圏 180点以上
★ 合格範囲内 160～179点
！ 合格圏外 159点以下

総合点　／200

1 読み

次の――線の漢字の読みをひらがなで記せ。

各1点×30　／30

1 社員に全幅の信頼を寄せている。
2 収賄の容疑で逮捕された。
3 彼らは迫害を受けて殉教した。
4 領土問題が原因で戦争が勃発した。
5 覇業を成して国を統べる王となる。
6 そんな話は寡聞にして知らない。
7 日々の怠惰な生活を改める。
8 殴打されたような痕が残った。
9 側溝にたまった落ち葉を取り除く。
10 大規模な工事を宰領し苦労する。
11 葉が落ちて水面に渦紋ができた。
12 琴線に触れる映画を見て涙する。
13 厄日かと思えるような一日だ。
14 悪貨は良貨を駆逐する。
15 飛行機の操縦の擬似体験をする。
16 頒価の設定を検討し直す。

17 罪業の深さにさいなまれる。［　　］

18 風呂から上がって庭先で涼む。［　　］

19 濫伐で貴重な自然が失われた。［　　］

20 長崎は江戸幕府の直轄領だった。［　　］

21 富裕層に向けた販売戦略を練る。［　　］

22 昨晩、息子と初めて酌を交わした。［　　］

23 稚児の顔をしげしげと眺める。［　　］

24 またたく間に廃屋が撤去された。［　　］

25 新たな教育制度が産声を上げた。［　　］

26 紛争解決に第三国が周旋する。［　　］

27 葬儀で故人に花を手向ける。［　　］

28 事故の責任の所在を糾明する。［　　］

29 父は芸術の分野に造詣が深い。［　　］

30 不始末の件で部下を説諭する。［　　］

2 部首

次の漢字の部首を記せ。

〈例〉菜［艹］　間［門］

各1点×10　／10

1 恭［　　］

2 吏［　　］

3 款［　　］

4 暮［　　］

5 兆［　　］

6 弔［　　］

7 殻［　　］

8 串［　　］

9 泰［　　］

10 丙［　　］

3 熟語の構成

熟語の構成には、次のようなものがある。

ア 同じような意味の字を重ねたもの（例 岩石）
イ 反対または対応の意味を表す字を重ねたもの（例 高低）
ウ 上の字が下の字を修飾しているもの（例 洋画）
エ 下の字が上の字の目的語・補語になっているもの（例 着席）
オ 上の字が下の字の意味を打ち消しているもの（例 非常）

次の熟語は上のア～オのどれにあたるか、一つ選んで記号を記せ。

各2点×10　／20

□ 1 得喪〔　　〕
□ 2 儒教〔　　〕
□ 3 窮地〔　　〕
□ 4 旅愁〔　　〕
□ 5 旋回〔　　〕
□ 6 尊崇〔　　〕
□ 7 打撲〔　　〕
□ 8 懇談〔　　〕
□ 9 不遇〔　　〕
□ 10 殉職〔　　〕

4-① 四字熟語

次の四字熟語の［　］に入る適切な語を、下の□の中から選び、漢字二字で記せ。

各2点×10　／20

□ 1 ［ア　　］大悲
□ 2 気宇［イ　　］
□ 3 ［ウ　　］堂堂
□ 4 四分［エ　　］
□ 5 会者［オ　　］
□ 6 ［カ　　］不覚
□ 7 ［キ　　］自重
□ 8 ［ク　　］連理
□ 9 南船［ケ　　］
□ 10 生生［コ　　］

いふう	いんにん	ごれつ	じょうり	そうだい	だいじ	ふへん	ひよく	ほくば	るてん

4-② 四字熟語

次の11〜15の意味にあてはまるものを、上の4-①のア〜コの四字熟語から一つ選び、記号を記せ。

各2点×5　／10

□ 11 ばらばらに分裂すること。　［　］
□ 12 苦しみなどをじっとこらえる様子。　［　］
□ 13 あちらこちらを広く旅行すること。　［　］
□ 14 心構えや発想が大きくて立派なこと。　［　］
□ 15 威厳があって立派な様子。　［　］

5 対義語・類義語

次の□の中の語を一度だけ使って漢字に直し、対義語・類義語を記せ。

各2点×10　／20

対義語

1 事実［　　］
2 固辞［　　］
3 淑女［　　］
4 暴露［　　］
5 豊富［　　］

類義語

6 抜粋［　　］
7 卓越［　　］
8 展示［　　］
9 掃討［　　］
10 起源［　　］

かいだく・きょこう・くちく・しゅういつ・しょうろく・しんし・ちんれつ・はっしょう・ひとく・ふってい

6 同音・同訓異字

次の――線のカタカナを漢字に直せ。

各2点×10　／20

1 ユウカイ犯を逮捕する。［　　］
2 氷が熱でユウカイして水になった。［　　］
3 雑誌のケンショウに応募する。［　　］
4 研究結果をケンショウする。［　　］
5 器物をイる工場が立ち並んでいる。［　　］
6 やぶさめで騎手が扇の的をイる。［　　］
7 何度もひどい目にあってコりた。［　　］
8 祖父は盆栽にコっている。［　　］
9 うわさのシンギを確かめる。［　　］
10 法案はシンギ未了で廃案となった。［　　］

7 誤字訂正

次の各文に間違って使われている同じ音訓の漢字が一字ある。上に誤字を、下に正しい漢字を記せ。

各2点×5　／10

□ **1** 絶滅の危機にさらされている希少動物を保護し種の保全を目的とした人工煩殖の技術を長年、研究している。

［　　］→［　　］

□ **2** 結婚式の後の披露宴は全ての年代の招待客に配慮した様々な余興や演出があり、素晴らしい祝宴となった。

［　　］→［　　］

□ **3** 露地栽培よりも出荷の遅い欲制栽培により、旬でない時期でもいろいろな種類の野菜を食べることができる。

［　　］→［　　］

□ **4** 世界各国の紙弊の図柄から、その国の歴代の大統領や首相をはじめ、誇れる建造物なども分かる。

［　　］→［　　］

□ **5** 連休最後の晴天に恵まれた日に家族でみかん刈りに出掛け、その後小高い丘を散策して楽しい時を過ごした。

［　　］→［　　］

8 送りがな

次の――線のカタカナを漢字一字と送りがな（ひらがな）で記せ。

各2点×5　／10

〈例〉問題にコタエル。　［答える］

□ 1 ヒルガエッテ考えるとやはり妙だ。

□ 2 生ごみを庭にウメテ肥料を作る。

□ 3 異民族の侵略で文明がホロビタ。

□ 4 林道沿いにイコイの場を設置した。

□ 5 辛うじて大事故をマヌカレタ。

9 書き取り

次の――線のカタカナを漢字に直せ。

各2点×25　／50

□ 1 甘味どころでおシルコを注文する。

□ 2 己の愚かさをサトる結果となった。

□ 3 コウイン矢のごとし。

□ 4 隣国に領土のヘンカンを求める。

□ 5 切れ味が悪い包丁のハをとぐ。

□ 6 時代の波にホンロウされる。

□ 7 大胆カつ繊細な提案が評価された。

□ 8 彼をヨウゴする者は皆無だった。〔　〕

□ 9 たこ足配線によりロウデンする。〔　〕

□ 10 難解な事件の全貌をハアクする。〔　〕

□ 11 寝不足でスイマに襲われる。〔　〕

□ 12 金のモウジャと陰口をたたかれる。〔　〕

□ 13 シュヒンとして式に招かれる。〔　〕

□ 14 陶器のカマモトを訪ねる。〔　〕

□ 15 部下からのキッポウを待つ。〔　〕

□ 16 先代が会社のイシズエを築いた。〔　〕

□ 17 お金をカセぐには苦労が伴う。〔　〕

□ 18 タツマキ注意報が発令された。〔　〕

□ 19 雪の中、コゴえる手をさする。〔　〕

□ 20 フサイを長期間かけて返済する。〔　〕

□ 21 夕立に備えてカサを携帯する。〔　〕

□ 22 ハスウは切り捨てて計算する。〔　〕

□ 23 フクアンを示して意見を伺う。〔　〕

□ 24 紙面をサいて事件を報道する。〔　〕

□ 25 ダンロのある家に憧れる。〔　〕

5時間目

模擬テスト・標準解答

1 読み

1	2	3	4	5	6	7	8	9	10
ぜんぷく	しゅうわい	じゅんきょう	ぼっぱつ	はぎょう	かぶん	たいだ	おうだ	そっこう	さいりょう

11	12	13	14	15	16	17	18	19	20
かもん	きんせん	やくび	くちく	ぎじ	はんか	ざいごう	すず	らんばつ	ちょっかつ

21	22	23	24	25	26	27	28	29	30
ふゆう	しゃく	ちご	はいおく	うぶごえ	しゅうせん	たむ	きゅうめい	ぞうけい	せつゆ

各1点×30

2 部首

各1点×10

1	2	3	4	5	6	7	8	9	10
⺌	口	欠	日	儿	弓	殳	丨	氺	一

3 熟語の構成

各2点×10

1	2	3	4	5	6	7	8	9	10
イ	ウ	ウ	ウ	ア	ア	ア	ウ	オ	エ

4 四字熟語 各2点×15

1	2	3	4	5	6	7	8	9	10	11	12	13	14	15
大慈	壮大	威風	五裂	定離	不偏	隠忍	比翼	北馬	流転	エ	キ	ケ	イ	ウ

5 対義語・類義語 各2点×10

1	2	3	4	5	6	7	8	9	10
虚構	快諾	紳士	秘匿	払底	抄録	秀逸	陳列	駆逐	発祥

6 同音・同訓異字 各2点×10

1	2	3	4	5	6	7	8	9	10
誘拐	融解	懸賞	検証	鋳	射	懲	凝	真偽	審議

7 誤字訂正 各2点×5

1	2	3	4	5
煩→繁	虜→慮	欲→抑	弊→幣	刈→狩

8 送りがな 各2点×5

1	2	3	4	5
翻って	埋めて	滅びた	憩い	免れた

9 書き取り 各2点×25

1	2	3	4	5	6	7	8	9	10	11	12	13	14	15
汁粉	悟	光陰	返還	刃	翻弄	且	擁護	漏電	把握	睡魔	亡者	主賓	窯元	吉報

16	17	18	19	20	21	22	23	24	25
礎	稼	竜巻	凍	負債	傘	端数	腹案	割	暖炉

熟語パズル

問題

①～④の□にあてはまる四字熟語を入れたとき、Ⓐ Ⓑにあらわれる四字熟語はなんでしょう？

1

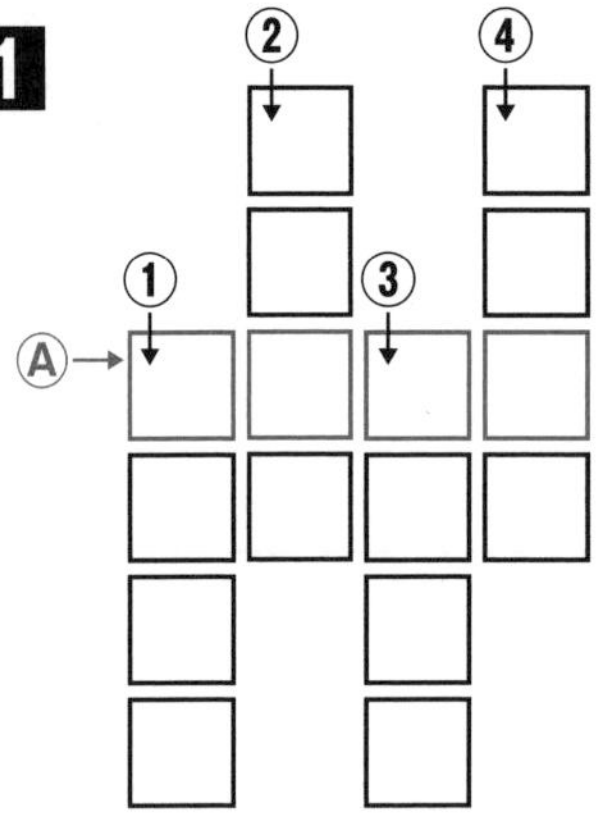

① この世にくらべる者がないこと。
② 上の者からの命令を下の者に徹底させること。
③ 落ち着いて、物事に動じない様子。
④ 旅立つ人の無事を祈って言う言葉。

2

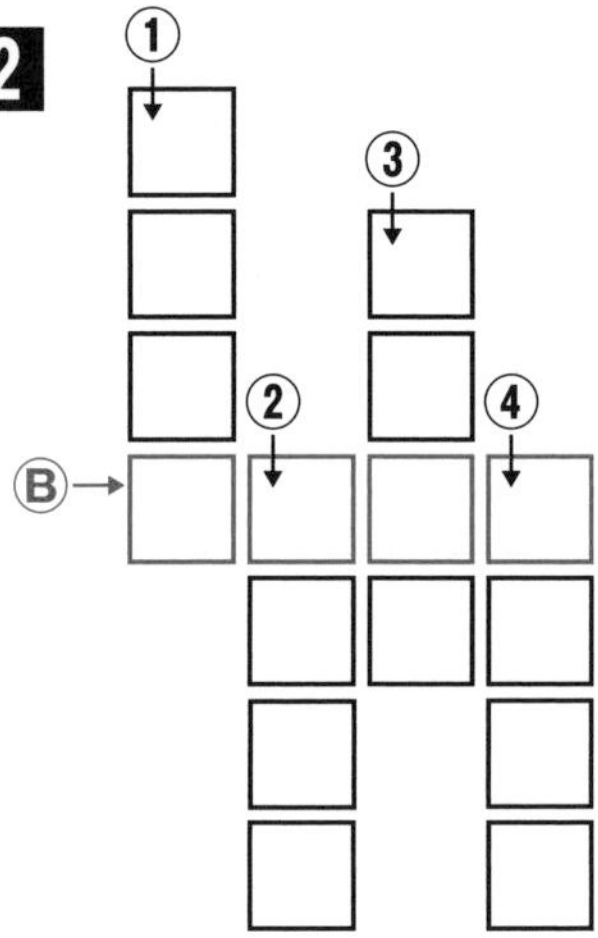

① 自分の利益を考えず、国や社会のために尽くすこと。
② 賢く身を処して自分の地位を守ること。
③ うそがなく、本物であること。
④ 大きなことを言っても、実力が伴わないこと。

答え

1

天下泰平

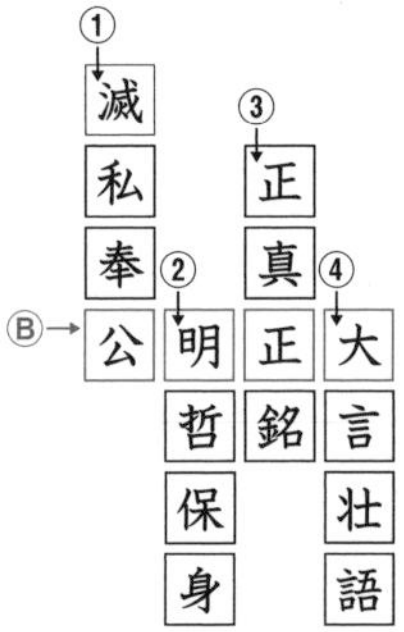

2

公明正大

補習授業 ①

ダメ押し問題

「確実に合格する」「高得点を狙いたい」
という人は、ダメ押し問題を解いて
自信をつけてください。

ダメ押し問題
（180点レベル）
一問一答

読み

●次の——線の漢字の読みをひらがなで記せ。

□ 1 布を**接**いで服を作る。
□ 2 酒席で**懇**ろなもてなしを受けた。
□ 3 **殊**に母の作るみそ汁はおいしい。
□ 4 **麗**しい山々をスケッチする。
□ 5 生徒は師から**薫陶**を受け成長する。
□ 6 **沖天**の勢いでデモ隊が通った。
□ 7 富士山の山頂で**払暁**を迎えた。
□ 8 騒音をめぐり住民が**訴訟**を起こす。
□ 9 己の**狭小**な心に嫌気がさす。
□ 10 野菜を**圧搾**してジュースを作る。
□ 11 毎朝**植栽**への水やりを欠かさない。
□ 12 総会で出席者の発言を**聴聞**した。
□ 13 在庫が切れぬよう**逐次**補充する。
□ 14 滞りなく**敷設**作業が続けられた。
□ 15 少ない議席をめぐって**角逐**する。
□ 16 **一献**傾けようと友人を誘った。
□ 17 楽器の収集が趣味の**好事家**だ。
□ 18 一睡もできずに**早暁**を迎えた。
□ 19 不具合の発生件数が**逓減**している。
□ 20 鳥の**帰巣**本能を利用する。
□ 21 有志が図書館に**献本**した。
□ 22 毎週、**謡**のけいこに通っている。
□ 23 十円玉から**緑青**が発生していた。
□ 24 候補者は落選の**憂**き目を見た。

解答

1 つ
2 ねんご
3 こと
4 うるわ
5 くんとう
6 ちゅうてん
7 ふつぎょう
8 そしょう
9 きょうしょう
10 あっさく
11 しょくさい
12 ちょうもん
13 ちくじ
14 ふせつ
15 かくちく
16 いっこん
17 こうずか
18 そうぎょう
19 ていげん
20 きそう
21 けんぽん
22 うたい
23 ろくしょう
24 う

□ 25 楽団が**荘重**な曲を演奏する。

□ 26 女王様への**拝謁**を許された。

□ 27 **質朴**な性格で皆から好かれている。

□ 28 窓の外に**春宵**の気配を感じる。

□ 29 写真を撮りながら**遊山**を楽しむ。

□ 30 夕焼けも**漸次**やみに消えてゆく。

□ 31 新製品を消費者に**頒布**する。

□ 32 護衛された車が**迎賓館**に到着した。

□ 33 友人を代表して**祝言**を述べた。

□ 34 **物憂**げな顔をして店から出てきた。

□ 35 すし職人が**手際**よく魚をさばく。

□ 36 まさに**時宜**を得た政策だった。

□ 37 彼は恐るべき**壮図**を抱いている。

□ 38 祖母の趣味は**詩吟**と俳句だ。

□ 39 **真摯**な態度で過ちを反省する。

□ 40 **湯治**場で古傷の療養をする。

□ 41 組織統廃合の決定が**旦夕**に迫る。

□ 42 周りの人を**軽侮**して孤立する。

□ 43 王の**戴冠**式に数万の民が集まる。

□ 44 県は職員を**諭旨**免職にした。

□ 45 **築山**の配置がよく計算された庭だ。

□ 46 **紡織**工場を海外に移転する。

□ 47 **迷妄**的な考えを一方的に話された。

□ 48 支援者からおおいに**鼓吹**された。

□ 49 自転車での大陸横断は**壮挙**だ。

□ 50 祭りで大人用の法被を**貸与**する。

□ 51 **俸給**を得て生活する喜びを知る。

□ 52 住職は**庫裏**で生活している。

□ 53 **寛厳**よろしきを得た指導だ。

□ 54 **宿弊**を打破すべく立ち上がった。

□ 55 作業員総出で**油井**の掘削にあたる。

□ 56 販路拡大の**布石**に出店を試みる。

25 そうちょう
26 はいえつ
27 しつぼく
28 しゅんしょう
29 ゆさん
30 ぜんじ
31 はんぷ
32 げいひんかん
33 しゅうげん
34 ものう
35 てぎわ
36 じぎ
37 そうと
38 しぎん
39 しんし
40 とうじ
41 たんせき
42 けいぶ
43 たいかん
44 ゆし
45 つきやま
46 ぼうしょく
47 めいもう
48 こすい
49 そうきょ
50 たいよ
51 ほうきゅう
52 くり
53 かんげん
54 しゅくへい
55 ゆせい
56 ふせき

ダメ押し問題
（180点レベル）
一問一答

対義語・類義語

●次の□の中の語を一度だけ使って漢字に直し、対義語・類義語を記せ。

対義語

□ 1 主役
□ 2 極端
□ 3 献上
□ 4 率先
□ 5 老巧

類義語

□ 6 無視
□ 7 奮戦
□ 8 頑迷
□ 9 本復
□ 10 貢献

かいゆ・かし・かんとう・きよ・ちせつ・ちゅうよう・ついずい・はやく・へんくつ・もくさつ

対義語

□ 11 禁欲
□ 12 高遠
□ 13 慶賀
□ 14 素直
□ 15 下賜

類義語

□ 16 気分
□ 17 干渉
□ 18 心配
□ 19 尽力
□ 20 熟知

あいとう・かいにゅう・きげん・きょうらく・けねん・けんじょう・つうぎょう・ひきん・へんくつ・ほんそう

解答

1 端役《はやく》
2 中庸《ちゅうよう》
3 下賜《かし》
4 追随《ついずい》
5 稚拙《ちせつ》
6 黙殺《もくさつ》
7 敢闘《かんとう》
8 偏屈《へんくつ》
9 快癒《かいゆ》
10 寄与《きよ》
11 享楽《きょうらく》
12 卑近《ひきん》
13 哀悼《あいとう》
14 偏屈《へんくつ》
15 献上《けんじょう》
16 機嫌《きげん》
17 介入《かいにゅう》
18 懸念《けねん》
19 奔走《ほんそう》
20 通暁《つうぎょう》

ダメ押し問題
（180点レベル）
一問一答

送りがな

●次の――線のカタカナを漢字一字と送りがな（ひらがな）で記せ。

□ 1 出し抜かれてクヤシイ思いをした。
□ 2 誰にでもヒイデタオ能が必ずある。
□ 3 相手の連覇をハバンデ優勝した。
□ 4 警戒心の強い犬も主人にはナツク。
□ 5 喉にたんがカラマッた。
□ 6 店でマカナイ料理を担当する。
□ 7 署名モシクハ押印してください。
□ 8 雑多な業務がワズラワシイ。
□ 9 手段を選ばずに目的をトゲタ。
□ 10 古新聞をひもでシバッテ廃棄する。
□ 11 敵の力をアナドルとは浅はかだ。
□ 12 良いことをしたら思い切りホメル。
□ 13 しつこい勧誘電話がウトマシイ。
□ 14 アキルまで同じことを繰り返す。
□ 15 本物とマギラワシい製品だ。
□ 16 国をスベル王に手紙を書く。
□ 17 シイタゲラレた人民が解放された。
□ 18 ウヤウヤシイ態度でもてなされた。
□ 19 目をオオウような光景だ。
□ 20 先生にサトサレて我に返る。
□ 21 岸辺にガラス瓶がタダヨッテきた。
□ 22 曲がったつるを水に浸してタメル。
□ 23 平穏な生活が突然オビヤカサれる。
□ 24 病状が回復のキザシを見せる。

解答

1 悔しい
2 秀でた
3 阻んで
4 懐く
5 絡まっ
6 賄い
7 若しくは
8 煩わしい
9 遂げた
10 縛って
11 侮る
12 褒める
13 疎ましい
14 飽きる
15 紛らわし
16 統べる
17 虐げられ
18 恭しい
19 覆う
20 諭され
21 漂って
22 矯める
23 脅かさ
24 兆し

熟語の構成

●熟語の構成には、次のようなものがある。

ア 同じような意味の字を重ねたもの（例 岩石）
イ 反対または対応の意味を表す字を重ねたもの（例 高低）
ウ 上の字が下の字を修飾しているもの（例 洋画）
エ 下の字が上の字の目的語・補語になっているもの（例 着席）
オ 上の字が下の字の意味を打ち消しているもの（例 非常）

●次の熟語は右のア～オのどれにあたるか、一つ選んで記号を記せ。

□ 1 点滅
□ 2 衆寡
□ 3 妄想
□ 4 広漠
□ 5 擬似
□ 6 忍苦
□ 7 紡績
□ 8 功罪
□ 9 累積
□ 10 公僕
□ 11 徹宵
□ 12 禍根

解答

1 イ 「点(つ)く」↔「消える(滅)」
2 イ 「多数(衆)」↔「少数(寡)」
3 ウ 「根拠のない(妄)→想像」の意
4 ア 広も漠も「広い」の意
5 ア 擬も似も「似ている」の意
6 エ 「耐え忍ぶ←苦しみに」の意
7 ア 紡も績も「糸をつむぐ」の意
8 イ 「功績」↔「罪」
9 ア 累も積も「つみ重なっている」の意
10 ウ 「公衆に奉仕する→しもべ(僕)」の意
11 エ 「徹する←夜(宵)を」。徹夜の意
12 ウ 「禍(災い)の起こる→根本」の意

□ 13 叙情
□ 14 贈賄
□ 15 媒体
□ 16 未来
□ 17 閲兵
□ 18 顕在
□ 19 賠償
□ 20 釣果
□ 21 凡庸
□ 22 奇遇
□ 23 懐古
□ 24 弾劾

□ 25 枢要
□ 26 叙勲
□ 27 覇権
□ 28 余韻
□ 29 逓減
□ 30 殉難
□ 31 浄財
□ 32 輪禍
□ 33 上棟
□ 34 苦衷
□ 35 懸念
□ 36 早晩

□ 37 享受
□ 38 来賓
□ 39 謄写
□ 40 折衷
□ 41 報酬
□ 42 叙景
□ 43 貴賓
□ 44 随意
□ 45 享楽
□ 46 懐疑
□ 47 贈答
□ 48 随時

13 エ 「述べる（叙）↑感情を」の意
14 エ 「贈る↑賄賂を」の意
15 ウ 「媒介する↓もの（物体）」の意
16 オ まだ来ていない（未）時代のこと
17 エ 「（上官などが）検閲する↑兵を」の意
18 ウ 「はっきりと（顕）↓存在する」の意
19 ア 賠も償も「損害を償う」の意
20 ウ 「魚釣りの↓成果」の意
21 ア 凡も庸も「普通」の意
22 ウ 「思いがけず（奇）↓出会う（遇）」の意
23 エ 「懐かしむ↑古い昔を」の意
24 ア 弾も劾も「罪をあばく」の意

25 ア 枢も要も「物事の大事なところ」の意
26 エ 「授ける（叙）↑勲章を」の意
27 ウ 「覇者としての↓権力」の意
28 ウ 「あとに残る（余）↓響き（韻）」の意
29 ウ 「次第に（逓）↓減る」の意
30 エ 「命を捨てる（殉）↑危難のために」の意
31 ウ 「清い（浄）↓財物」。寄付金の意
32 ウ 「乗り物にひかれる↓災難（禍）」の意
33 エ 家の建築で「上げる↑棟木を」の意
34 ウ 「苦しい↓心のうち（衷）」の意
35 エ 「懸かる↑気（念）に」の意
36 イ 「早い」↕「遅い（晩）」

37 ア 享も受も「受ける」の意
38 ウ 「招待されて来た↓客（賓）」の意
39 ア 謄も写も「（書き）うつす」の意
40 エ 「分ける（折）↑程よく（衷）」の意
41 ア 報も酬も「（何かに）むくいる」の意
42 エ 「書き表す（叙）↑風景を」の意
43 ウ 「身分の高い（貴）↓客（賓）」の意
44 エ 「随《したが》う↑自分の意思に」の意
45 エ 「味わう（享）↑快楽を」の意
46 エ 「懐《いだ》く↑疑いを」の意
47 イ 「贈る」↕「贈り返す（答）」
48 エ 「応じて（随）↑時々に」の意

ダメ押し問題
（180点レベル）
一問一答

書き取り

●次の——線のカタカナを漢字に直せ。

□1 練習をオコタったのが敗因だ。
□2 畑のウネを踏まないように歩く。
□3 オロシネで手に入れた。
□4 有名な画家のアトリエにオモムく。
□5 強豪チームに挑みザンパイした。
□6 大役をオオせつかり恐縮する。
□7 キョウシュウが募って実家に戻る。
□8 失敗をアワれんでなどほしくない。
□9 カラに閉じこもり一切発言しない。
□10 琴のツルの調節はとても繊細だ。
□11 寺のコンリュウについて調べる。
□12 デイスイした知人を送り届ける。
□13 チュウシンからの助言に感謝する。
□14 台風がくる前にアマモりを直す。
□15 調査をしてコクビャクをつける。
□16 コウゴウしい顔の仏像だ。
□17 相手のコンタンは丸見えだ。
□18 時間切れでザンテイ予算を組んだ。
□19 病院でテンテキを打つ。
□20 ヨイゴしの金は持たない主義だ。
□21 徹夜作業で目がジュウケツした。
□22 アクセンを稼いでも身につかない。
□23 「医はジンジュツなり」といわれる。
□24 領主のサクシュに民衆が蜂起した。

解答

1 怠
2 畝
3 卸値
4 赴
5 惨敗
6 仰
7 郷愁
8 哀
9 殻
10 弦
11 建立
12 泥酔
13 衷心
14 雨漏
15 黒白
16 神神（神々）
17 魂胆
18 暫定
19 点滴
20 宵越
21 充血
22 悪銭
23 仁術
24 搾取

本番前の
総仕上げ！
赤シートで答えを
かくしてね。

□ 25 海にノゾむ場所で民宿を営む。
□ 26 イナホが実った田園風景が続く。
□ 27 彼女の美しさがヒトキワ目立つ。
□ 28 彼は大勢の中でもコドクを感じた。
□ 29 ゴウテイに住むのが夢だ。
□ 30 コウボを用いて健康食品を作る。
□ 31 青信号がテンメツしている。
□ 32 一審判決に不服のためコウソする。
□ 33 愛犬の足の汚れを雑巾でフく。
□ 34 カソの村は高齢者が多い。
□ 35 事故で負った傷がチユする。
□ 36 コウカイ先に立たず。
□ 37 最低気温はレイカになる見込みだ。
□ 38 朝顔を新しいハチに植えかえる。
□ 39 両者がケイヤク書に署名する。
□ 40 栄養をバランスよくセッシュする。

□ 41 不運にもヒゴウの死を遂げた。
□ 42 タイジュの根元にきのこが生える。
□ 43 ゲンシュクな雰囲気に緊張した。
□ 44 いつものクチグセを発する。
□ 45 ダセイで仕事をしてはいけない。
□ 46 掛けられた疑いをすぐにヌグった。
□ 47 兄は弟の才能にシットした。
□ 48 虫に刺されて、まぶたがハれた。
□ 49 議員の学歴サショウが判明した。
□ 50 結婚式で花ムコは緊張していた。
□ 51 人をサゲスむ言動を反省する。
□ 52 父の葬儀のモシュは母が務めた。
□ 53 父は退職後、トウゲイを始めた。
□ 54 版画の授業でチョウコク刀を使う。
□ 55 ダンチョウの思いで辞退する。
□ 56 恩師の講義をハイチョウする。

25	26	27	28	29	30	31	32	33	34	35	36	37	38	39	40
臨	稲穂	一際	孤独	豪邸	酵母	点滅	控訴	拭	過疎	治癒	後悔	零下	鉢	契約	摂取

41	42	43	44	45	46	47	48	49	50	51	52	53	54	55	56
非業	大樹	厳粛	口癖	惰性	拭	嫉妬	腫	詐称	婿	蔑	喪主	陶芸	彫刻	断腸	拝聴

ダメ押し問題
（180点レベル）
一問一答

四字熟語［出る順］ランキング

	［四字熟語］	［意味］
1	精《しょう》進《じん》潔《けっ》斎《さい》	心身を清め、けがれのない状態にすること。
2	百《ひゃく》八《はち》煩《ぼん》悩《のう》	仏教で、人間の心身を悩ませる迷い。数の多いことを百八と表したもの。
3	和《わ》衷《ちゅう》協《きょう》同《どう》	心を同じくしてともに力を合わせること。
4	文《ぶん》人《じん》墨《ぼっ》客《かく》	詩や書画などにたずさわる人。
5	合《がっ》従《しょう》連《れん》衡《こう》	利害に応じて団結したり離れたりすること。
6	綱《こう》紀《き》粛《しゅく》正《せい》	乱れた規律を厳しく正すこと。
7	教《きょう》唆《さ》扇《せん》動《どう》	そそのかして人の心をあおりたてること。

	［四字熟語］	［意味］
8	秋《しゅう》霜《そう》烈《れつ》日《じつ》	刑罰や権威などが非常に厳しいこと。
9	白《はく》砂《しゃ》青《せい》松《しょう》	美しい海岸の景色。
10	雲《うん》泥《でい》万《ばん》里《り》	比較にならないほどの大きな差異。
11	懇《こん》切《せつ》丁《てい》寧《ねい》	非常に親切で、細かいところまでよく気が回ること。
12	冷《れい》汗《かん》三《さん》斗《と》	恥ずかしい思いをすること。非常に恐ろしい目にあうこと。
13	酒《しゅ》池《ち》肉《にく》林《りん》	ぜいたくの限りを尽くした宴会。
14	志《し》操《そう》堅《けん》固《ご》	主義などを固く守って変えないこと。

	［四字熟語］	［意味］
15	安《あん》寧《ねい》秩《ちつ》序《じょ》	社会が安定し、秩序のある様子。
16	昼《ちゅう》夜《や》兼《けん》行《こう》	日夜休まず物事を行うこと。
17	英《えい》俊《しゅん》豪《ごう》傑《けつ》	大勢の中で、ひときわすぐれた人物。
18	先《せん》憂《ゆう》後《こう》楽《らく》	先に心配事を片付け、後でたのしむこと。
19	堅《けん》忍《にん》不《ふ》抜《ばつ》	我慢強く耐えて志を変えないこと。
20	会《え》者《しゃ》定《じょう》離《り》	この世は無常であるということのたとえ。
21	泰《たい》山《ざん》北《ほく》斗《と》	ある分野で名を成し、大家として仰ぎ尊ばれる人。第一人者。

22 内《ない》疎《そ》外《がい》親《しん》
内心では嫌っていながら、表面上は親しげにすること。

23 放《ほう》歌《か》高《こう》吟《ぎん》
あたりかまわず大声で歌うこと。

24 読《どく》書《しょ》百《ひゃっ》遍《ぺん》
難しい書物も繰り返し読めば意味がわかること。

25 遠《えん》慮《りょ》会《え》釈《しゃく》
他人を思いやり、自分は控えめにすること。

26 忙《ぼう》中《ちゅう》有《ゆう》閑《かん》
多忙の中にも、ひと息つく時間があること。

27 天《てん》衣《い》無《む》縫《ほう》
飾りけがなく自然なこと。

28 泰《たい》然《ぜん》自《じ》若《じゃく》
落ち着きはらって物事に動じない様子。

29 詩《しい》歌《か》管《かん》弦《げん》
文学と音楽。

30 枝《し》葉《よう》末《まっ》節《せつ》
本質からはずれた、ささいなこと。

31 孤《こ》軍《ぐん》奮《ふん》闘《とう》
支援者のない中で懸命に努力すること。

32 主《しゅ》客《かく》転《てん》倒《とう》
立場や順序などが逆転すること。

33 雲《うん》水《すい》行《あん》脚《ぎゃ》
僧が修行のために諸国を巡ること。

34 巧《こう》遅《ち》拙《せっ》速《そく》
上手で遅いより、下手でも速いほうがよいということ。

35 高《こう》論《ろん》卓《たく》説《せつ》
すぐれた意見や議論。

36 森《しん》羅《ら》万《ばん》象《しょう》
宇宙に存在するすべてのもの。

37 一《いち》陽《よう》来《らい》復《ふく》
悪運が続いたあと幸運に向かうこと。

38 眺《ちょう》望《ぼう》絶《ぜっ》佳《か》
素晴らしい見晴らし。

39 換《かん》骨《こつ》奪《だっ》胎《たい》
外形は同じままで中身を取りかえること。

40 隠《いん》忍《にん》自《じ》重《ちょう》
苦しみなどをじっとこらえる様子。

41 軽《けい》挙《きょ》妄《もう》動《どう》
物事の是非をわきまえず軽はずみに行動すること。

42 金《きん》城《じょう》湯《とう》池《ち》
守りが非常に固く攻めにくい城。

43 汗《かん》牛《ぎゅう》充《じゅう》棟《とう》
蔵書が非常に多いことのたとえ。

44 内《ない》憂《ゆう》外《がい》患《かん》
内にも外にも問題が多いこと。

45 夏《か》炉《ろ》冬《とう》扇《せん》
役に立たないもののたとえ。

46 危《き》急《きゅう》存《そん》亡《ぼう》
生き残りをかけた瀬戸際のこと。

47 小《しょう》心《しん》翼《よく》翼《よく》
気が小さいこと。不安でおびえている様子。

48 快《かい》刀《とう》乱《らん》麻《ま》
こじれた物事を手ぎわよく解決すること。

	[四字熟語]	[意味]
49	飛《ひ》花《か》落《らく》葉《よう》	世の中は無常で常に移り変わっていくこと。
50	破《は》邪《じゃ》顕《けん》正《しょう》	不正を打破し正義を実現すること。
51	粗《そ》製《せい》濫《らん》造《ぞう》	不良品をやたら多くつくること。
52	迅《じん》速《そく》果《か》断《だん》	物事をすばやく決断し、実行すること。
53	衆《しゅう》人《じん》環《かん》視《し》	大勢の人が取りまいて見ている状態。
54	理《り》路《ろ》整《せい》然《ぜん》	話や考えの筋道がよく通っていること。
55	謹《きん》厳《げん》実《じっ》直《ちょく》	つつしみ深く誠実で正直なこと。
56	有《う》為《い》転《てん》変《ぺん》	万物が常に変化してやまないこと。
57	孤《こ》城《じょう》落《らく》日《じつ》	かつての勢いを失い、心細い様子。

	[四字熟語]	[意味]
58	禍《か》福《ふく》得《とく》喪《そう》	幸福と不幸は表裏一体であるということ。
59	不《ふ》偏《へん》不《ふ》党《とう》	かたよらず公平中立の立場に立つこと。
60	暖《だん》衣《い》飽《ほう》食《しょく》	なんの不足もない満ち足りた生活。
61	閑《かん》話《わ》休《きゅう》題《だい》	それはさておき。ところで。
62	意《い》気《き》衝《しょう》天《てん》	元気や勢力がたいへん盛んなこと。
63	東《とう》奔《ほん》西《せい》走《そう》	四方八方を忙しく走りまわるさま。
64	春《しゅん》宵《しょう》一《いっ》刻《こく》	春の夜は趣深く価値があるということ。
65	比《ひ》翼《よく》連《れん》理《り》	男女が仲むつまじいさま。
66	群《ぐん》雄《ゆう》割《かっ》拠《きょ》	多くの実力者が互いに対立しあうこと。

	[四字熟語]	[意味]
67	月《げっ》下《か》氷《ひょう》人《じん》	男女の縁を取り持つ人。仲人。媒酌人。もとは縁結びの神。
68	吉《きっ》凶《きょう》禍《か》福《ふく》	運勢や縁起などのよしあし。
69	円《えん》転《てん》滑《かつ》脱《だつ》	物事をそつなくとりしきる様子。
70	率《そっ》先《せん》垂《すい》範《はん》	先頭に立って手本となること。
71	普《ふ》遍《へん》妥《だ》当《とう》	すべてのものに当てはまること。
72	巧《こう》言《げん》令《れい》色《しょく》	顔色をつくろって人にこびへつらうこと。
73	大《だい》慈《じ》大《だい》悲《ひ》	限りなく大きい慈悲。
74	活《かっ》殺《さつ》自《じ》在《ざい》	他人を自分の思いのままに扱うこと。
75	良《りょう》風《ふう》美《び》俗《ぞく》	美しい風習や風俗。

76 唯唯諾諾《いいだくだく》
物事の是非を判断せずに、他人の意見に従うこと。

77 誇大妄想《こだいもうそう》
自分の現状を過大評価し思い込むこと。

78 疾風迅雷《しっぷうじんらい》
行動がすばやく激しい様子。

79 大喝一声《だいかついっせい》
大声でどなりつけること。

80 気宇壮大《きうそうだい》
心構えや発想が大きくて立派なこと。

81 朝令暮改《ちょうれいぼかい》
命令がよく変わって一定ではないこと。

82 妙計奇策《みょうけいきさく》
すぐれたはかりごと。

83 竜頭蛇尾《りゅうとうだび》
初めは勢いがよいが、終わりは振るわないこと。

84 怒髪衝天《どはつしょうてん》
髪が逆立つほど激しく怒ること。

85 大願成就《たいがんじょうじゅ》
大きな望みがかなうこと。

86 酔生夢死《すいせいむし》
何もせず生涯をぼんやり過ごすこと。

87 博覧強記《はくらんきょうき》
書物に親しみ、知識が豊富なこと。

88 初志貫徹《しょしかんてつ》
初めの志を最後までつらぬき通すこと。

89 気炎万丈《きえんばんじょう》
気力に満ち、非常に意気盛んなこと。また、激しく議論をすること。

90 深山幽谷《しんざんゆうこく》
人里離れた静かな自然。

91 大言壮語《たいげんそうご》
おおげさに言うこと。また、その言葉。

92 金科玉条《きんかぎょくじょう》
このうえなく大切にし、絶対的なよりどころとする規律や法律。

93 鯨飲馬食《げいいんばしょく》
一度にたくさん飲み食いすること。

94 万緑一紅《ばんりょくいっこう》
多くのものが存在する中で、一つだけ抜き出たものがあること。

95 温厚篤実《おんこうとくじつ》
誠実でやさしさに満ちていること。

96 浅学非才《せんがくひさい》
学識が浅く才能に乏しいこと。

97 情状酌量《じょうじょうしゃくりょう》
諸事情をくんで刑罰を軽くすること。

98 晴耕雨読《せいこううどく》
田園でのんびりとした生活をすること。

99 要害堅固《ようがいけんご》
備えがしっかりしていること。

100 眉目秀麗《びもくしゅうれい》
容貌がたいへん美しい様子。

101 悪口雑言《あっこうぞうごん》
口にまかせてさんざんののしること。

102 生生流転《しょうじょうるてん》
万物は移り変わっていくこと。

ダメ押し問題
（180点レベル）
一問一答

部首「出る順」ランキング

	［漢字］	［部首（部首名）］
1	爵	爫（つめかんむり）
2	臭	自（みずから）
3	衷	衣（ころも）
4	升	十（じゅう）
5	軟	車（くるまへん）
6	甚	甘（かん）
7	戻	戸（とだれ）
8	賓	貝（かい）
9	煩	火（ひへん）
10	喪	口（くち）
11	褒	衣（ころも）
12	嗣	口（くち）
13	且	一（いち）

	［漢字］	［部首（部首名）］
14	奔	大（だい）
15	亭	亠（なべぶた）
16	刃	刀（かたな）
17	蛍	虫（むし）
18	寧	宀（うかんむり）
19	栽	木（き）
20	耗	耒（すきへん）
21	磨	石（いし）
22	亜	二（に）
23	累	糸（いと）
24	瓶	瓦（かわら）
25	缶	缶（ほとぎ）
26	韻	音（おと）

	［漢字］	［部首（部首名）］
27	殻	殳（るまた）
28	麻	麻（あさ）
29	竜	竜（りゅう）
30	丙	一（いち）
31	虞	虍（とらがしら）
32	献	犬（いぬ）
33	虜	虍（とらがしら）
34	妥	女（おんな）
35	斉	斉（せい）
36	殉	歹（かばねへん）
37	畝	田（た）
38	泰	氺（したみず）
39	豪	豕（ぶた）

	［漢字］	［部首（部首名）］
40	弔	弓（ゆみ）
41	薫	艹（くさかんむり）
42	疑	疋（ひき）
43	徹	彳（ぎょうにんべん）
44	凸	凵（うけばこ）
45	窯	穴（あなかんむり）
46	款	欠（あくび）
47	彰	彡（さんづくり）
48	甲	田（た）
49	致	至（いたる）
50	旋	方（ほうへん）
51	丹	丶（てん）
52	雇	隹（ふるとり）

	[漢字]	[部首(部首名)]
53	辱	辰（しんのたつ）
54	幾	幺（いとがしら）
55	隷	隶（れいづくり）
56	了	亅（はねぼう）
57	呈	口（くち）
58	衡	行（ぎょうがまえ）
59	面	面（めん）
60	叙	又（また）
61	朴	木（きへん）
62	囚	囗（くにがまえ）
63	夢	夕（た）
64	武	止（とめる）
65	吏	口（くち）
66	準	氵（さんずい）
67	帥	巾（はば）
68	弊	廾（こまぬき）

	[漢字]	[部首(部首名)]
69	唇	口（くち）
70	呉	口（くち）
71	既	旡（すでのつくり）
72	恭	㣺（したごころ）
73	再	冂（どうがまえ）
74	我	戈（ほこづくり）
75	卵	卩（わりふ）
76	摩	手（て）
77	享	亠（なべぶた）
78	酌	酉（とりへん）
79	凹	凵（うけばこ）
80	戴	戈（ほこづくり）
81	者	耂（おいかんむり）
82	崇	山（やま）
83	尼	尸（かばね）
84	辞	辛（からい）

	[漢字]	[部首(部首名)]
85	舌	舌（した）
86	塁	土（つち）
87	尉	寸（すん）
88	革	革（かくのかわ）
89	羅	罒（あみがしら）
90	廷	廴（えんにょう）
91	閥	門（もんがまえ）
92	乏	丿（の）
93	更	曰（ひらび）
94	威	女（おんな）
95	死	歹（かばねへん）
96	淑	氵（さんずい）
97	昆	日（ひ）
98	真	目（め）
99	叔	又（また）
100	般	舟（ふねへん）

	[漢字]	[部首(部首名)]
101	音	音（おと）
102	裏	衣（ころも）
103	充	儿（ひとあし）
104	堪	土（つちへん）
105	猶	犭（けものへん）
106	勅	力（ちから）
107	歯	歯（は）
108	矛	矛（ほこ）
109	克	儿（ひとあし）
110	衰	衣（ころも）
111	宰	宀（うかんむり）
112	執	土（つち）
113	虐	虍（とらがしら）
114	義	羊（ひつじ）

許容字体

2級の配当漢字の中には今まで学習した漢字に見られなかったパーツが含まれていますが、別の見慣れたパーツを使って書くことも許容される場合があります。

たとえば、「遡」の字。部首のしんにゅう（しんにょう）は点が2つあるのが標準字体ですが、準2級までの配当漢字のしんにょう（しんにゅう）は点が1点でした。「遡」の字は1点のしんにょう（しんにゅう）で書くことも許容されています（＝許容字体）。ただし、許容字体は限られていますので、勝手に漢字を他の見慣れたパーツで書いてはいけません。

下記の25字は２級の配当漢字で許容字体がある字です。枠の左側が標準字体、右側が許容字体です。２級の試験では左右どちらの字体を解答で用いても正答となります。

画数が少なくてもOK!

［標準］	［許容］
遡	遡
遜	遜
謎	謎
箸	箸
賭	賭
餌	餌
餅	餅
頰	頬
嗅	嗅
葛	葛
僅	僅
箋	笺

画数が多くてもOK!

［標準］	［許容］
牙	牙
捗	捗
稽	稽

向きが違ってもOK!

［標準］	［許容］
喩	喻
嘲	嘲
煎	煎
蔽	蔽
淫	淫
溺	溺

そのほか見慣れたパーツでOK!

［標準］	［許容］
詮	詮
惧	惧
塡	填
剝	剥

補習授業 2

新出配当漢字対策

2級の配当漢字を部首ごとにまとめました。
読みと用例をチェックしましょう。

185字

※例文の書き取り問題は、見出しの漢字を使ってください
※2級の配当漢字を部首ごとに分けて収録しています。■は頻出度の高い漢字
※読みは原則として音読みをカタカナで、訓読みをひらがなで、送りがなは( )に入れて示しています。高は高校で習う読み

2級新出配当漢字対策

部首 / 漢字 / 読み

ぼう・たてぼう 丨

串
くし

団子を**クシ**に刺す。 [串]

てん 丶

丼
どん
どんぶり

ドンブリバチに盛る。 [丼鉢]

おつ 乙

乞
こ(う)

イノチゴいをする。 [命乞]

にんべん 亻

伎
キ

カブキの公演。 [歌舞伎]

侶
リョ

人生の**ハンリョ**。 [伴侶]
ソウリョが読経する。 [僧侶]

俺
おれ

オレたちは親友だ。 [俺]

僅
キン
わず(か)

キンサで敗れる。 [僅差]
キンショウの差。 [僅少]

傲
ゴウ

ゴウマンな態度。 [傲慢]
ゴウゼンたる態度。 [傲然]

わかんむり 冖

冥
ミョウ 高
メイ

メイドへ旅立つ。 [冥土]
父の**メイフク**を祈る。 [冥福]

にすい 冫

冶
ヤ

人格を**トウヤ**する。 [陶冶]
ヤキン術を学ぶ。 [冶金]

凄
セイ

セイサンを極める。 [凄惨]
セイゼツな争い。 [凄絶]

りっとう 刂

刹
サツ 高
セツ

セツナ的な生活。 [刹那]
メイサツを訪ねる。 [名刹]

類義語 刹那＝一瞬

部首｜漢字｜読み

りっとう 刂

剥
ハク
は(がす)
は(がれる)
は(ぐ)
は(げる)
権利を**ハクダツ**する。［剥奪］
熊の**ハクセイ**。［剥製］

ちから 力

勃
ボツ
産業が**ボッコウ**する。［勃興］
雄心**ボツボツ**たる選手。［勃勃］

つつみがまえ 勹

勾
コウ
コウバイが急な坂。［勾配］

匂
にお(う)
花の**ニオ**いを嗅ぐ。［匂］

くち 口

呂
ロ
フロで汗を流す。［風呂］
ゴロ合わせで覚える。［語呂］

くちへん 口

叱
シツ
しか(る)
部下を**シッセキ**する。［叱責］
師の**シッセイ**を受ける。［叱正］

呪
ジュ
のろ(う)
ジュモンを唱える。［呪文］
ジュバクが解ける。［呪縛］

咽
イン
イントウ炎を患う。［咽頭］
耳鼻**インコウ**科。［咽喉］

唄
うた
ナガウタを練習する。［長唄］

哺
ホ
ホニュウルイの生態。［哺乳類］

唾
ダ
つば
ナマツバを飲み込む。［生唾］
ダキすべき悪行。［唾棄］

喉
コウ
のど
ノドモトを押さえる。［喉元］
インコウの炎症。［咽喉］

喩
ユ
ヒユを交えて話す。［比喩］

嗅
キュウ
か(ぐ)
鋭敏な**キュウカク**。［嗅覚］

嘲
チョウ
あざけ(る)
チョウバを浴びせる。［嘲罵］
チョウショウを買う。［嘲笑］

つち 土

塞
サイ
ソク
ふさ(がる)
ふさ(ぐ)
山に**ヨウサイ**を築く。［要塞］
ヘイソク感が漂う。［閉塞］

四字熟語 雄心勃勃(ゆうしんぼつぼつ)…勇ましい心が湧いてくる様子。

つちへん 土

堆

タイ

土砂が**タイセキ**する。［堆積］

畑に**タイヒ**をまく。［堆肥］

塡

テン

損失を**ホテン**する。［補塡］

弾丸を**ソウテン**する。［装塡］

だい 大

爽

ソウ
さわ(やか)

ソウリョウの秋。［爽涼］

ソウカイな気分。［爽快］

おんなへん 女

妖

ヨウ
あや(しい)

ヨウ怪変化が現れる。［妖］

ヨウエンな雰囲気。［妖艶］

おんなへん 女

妬

ト
ねた(む)

友人に**シット**する。［嫉妬］

嫉

シツ

シットに駆られる。［嫉妬］

敵を**シッシ**する。［嫉視］

うかんむり 宀

宛

あ(てる)

アテサキを記入する。［宛先］

かばね・しかばね 尸

尻

しり

実行に**シリゴ**みする。［尻込］

チョウジリが合う。［帳尻］

やま 山

崖

ガイ
がけ

ダンガイ絶壁に立つ。［断崖］

嵐

あらし

スナアラシが吹く。［砂嵐］

はば 巾

巾

キン

ゾウキンがけする。［雑巾］

フキンを絞る。［布巾］

こまぬき・にじゅうあし 廾

弄

ロウ
もてあそ(ぶ)

波に**ホンロウ**される。［翻弄］

他人を**ガンロウ**する。［玩弄］

ゆみへん 弓

弥

や

ヤヨイ時代の土器。［弥生］

けいがしら 彐

彙

イ

ゴイを増やす。［語彙］

りっしんべん 忄

惧

グ

将来を**キグ**する。［危惧］

慄

リツ

センリツが走る。［戦慄］

リツゼンとする。［慄然］

四字熟語 妖怪変化(ようかいへんげ)…不思議な化け物。

部首 ｜ 漢字 ｜ 読み

りっしんべん 忄

憬 ケイ
王室に**ショウケイ**する。［憧憬］

憧 ショウ あこが(れる)
ショウケイの的。［憧憬］

てへん 扌

拉 ラ
何者かに**ラチ**される。［拉致］

拶 サツ
アイサツを交わす。［挨拶］

拭 ショク 高 ぬぐ(う) ふ(く)
疑惑の**フッショク**。［払拭］
息子の**シリヌグ**い。［尻拭］

挨 アイ
客人に**アイサツ**する。［挨拶］

挫 ザ
途中で**ザセツ**する。［挫折］
議論が抑揚頓**ザ**する。［挫］

捉 ソク とら(える)
本心を**ホソク**する。［捕捉］
要点を**ハソク**する。［把捉］

捗 チョク
シンチョク状況。［進捗］

捻 ネン
費用の**ネンシュツ**。［捻出］
足首を**ネンザ**する。［捻挫］

さんずい 氵

氾 ハン
川が**ハンラン**する。［氾濫］
ハン愛兼利の精神。［氾］

汎 ハン
部品を**ハンヨウ**する。［汎用］
コウハンな知識。［広汎］

沙 サ
何の**オトサタ**もない。［音沙汰］
オモテザタになる。［表沙汰］

汰 タ
数年**オトサタ**がない。［音沙汰］
オモテザタにしない。［表沙汰］

沃 ヨク
ヒヨクな土地。［肥沃］
緑の**ヨクヤ**が広がる。［沃野］

淫 イン みだ(ら) 高

四字熟語 抑揚頓挫(よくようとんざ)…盛んな勢いが途中でくじけること。

部首｜漢字｜読み

さんずい 氵

湧
ユウ
わ(く)
温泉の**ユウシュツ**。
［湧出］

溺
デキ
おぼ(れる)
酒色に**ワクデキ**する。
娘を**デキアイ**する。
［惑溺　溺愛］

潰
カイ
つぶ(す)
つぶ(れる)
カイヨウを治療する。
カイメツ的な被害。
［潰瘍　潰滅］

けものへん 犭

狙
ソ
ねら(う)
敵に**ソゲキ**される。
［狙撃］

くさかんむり 艹

芯
シン
シンが通っている。
［芯］

苛
カ
戦は**カレツ**を極めた。
カコクな状況に陥る。
［苛烈　苛酷］

萎
イ
な(える)
心が**イシュク**する。
［萎縮］

葛
カツ
くず 高
クズモチを食べる。
カットウに苦しむ。
［葛餅　葛藤］

蓋
ガイ
ふた
抜山**ガイ**世の勢い。
ガイゼン性が高い。
［蓋　蓋然］

蔑
ベツ
さげす(む)
ベッシに耐える。
ケイベツの目で見る。
［蔑視　軽蔑］

蔽
ヘイ
事実を**インペイ**する。
光を**シャヘイ**する。
［隠蔽　遮蔽］

藤
トウ
ふじ
カットウに苦しむ。
フジイロの着物。
［葛藤　藤色］

藍
ラン 高
あい
アイゾめの浴衣。
シュツランの誉れ。
［藍染　出藍］

おおざと 阝

那
ナ
セツナの快楽。
呉服屋の若**ダンナ**。
［刹那　旦那］

こざとへん 阝

隙
ゲキ 高
すき
カンゲキを縫う。
クウゲキを埋める。
［間隙　空隙］

こころ 心

怨
エン
オン 高
オンネンを抱く。
報**エン**以徳を唱える。
［怨念　怨］

四字熟語 抜山蓋世(ばつざんがいせい)…非常に勢いが強いこと。

部首 漢字 読み

心 こころ

恣 シ

シイ的に判断する。

［恣意］

戈 ほこづくり・ほこがまえ

戚 セキ

シンセキを訪ねる。

インセキ関係を結ぶ。

［親戚］［姻戚］

戴 タイ

タイカン式に臨む。

チョウダイする。

［戴冠］［頂戴］

手 て

拳 ケン こぶし

徒手空**ケン**で挑む。

ケンジュウを構える。

［拳］［拳銃］

手 て

摯 シ

シンシに取り組む。

［真摯］

文 ぶん

斑 ハン

ハンテンが現れる。

［斑点］

斤 おのづくり

斬 ザン き(る)

ザンシンなデザイン。

［斬新］

日 ひ

旦 タン ダン

死が**タンセキ**に迫る。

年上の**ダンナ**。

［旦夕］［旦那］

日 ひへん

旺 オウ

オウセイな好奇心。

［旺盛］

曖 アイ

アイマイに返答する。

［曖昧］

昧 マイ

アイマイな態度。

グマイな将軍。

［曖昧］［愚昧］

曰 ひらび・いわく

曽 ソウ ゾ

ソウソフの形見。

［曽祖父］

木 き

麓 ロク ふもと

サンロクの牧草地。

［山麓］

木 きへん

枕 まくら

マクラモトのランプ。

ヒジマクラをする。

［枕元］［肘枕］

柿 かき

シブガキの皮を剥く。

［渋柿］

柵 サク

サクを乗り越える。

［柵］

対義語 曖昧⇔明瞭

部首　漢字　読み

きへん 木

桁 けた
ケタハズれの規模。
[桁外]

梗 コウ
物語の**コウガイ**。
心筋**コウソク**。
[梗概] [梗塞]

椅 イ
イスに腰掛ける。
[椅子]

椎 ツイ
セキツイを損傷する。
ツイカンバンの炎症。
[脊椎] [椎間板]

楷 カイ
カイショで記入する。
[楷書]

るまた・ほこづくり 殳

毀 キ
世間の**キヨ**ほうへん。
名誉を**キソン**する。
[毀誉] [毀損]

れんが・れっか 灬

煎 セン　い(る)
センチャをいれる。
ユセンして溶かす。
[煎茶] [湯煎]

つめ 爪

爪 つめ　つま
ツマサキ立ちする。
ギターを**ツマビ**く。
[爪先] [爪弾]

きば 牙

牙 ガ 高　ゲ　きば
シガにも掛けない。
ゾウゲの印鑑を押す。
[歯牙] [象牙]

おうへん・たまへん 王

玩 ガン
他人を**ガンロウ**する。
ガン物喪志に陥る。
[玩弄] [玩　]

璃 リ
ルリイロに輝く。
ジョウルリの上演。
[瑠璃色] [浄瑠璃]

瑠 ル
ルリイロの鉱物。
人形**ジョウルリ**。
[瑠璃色] [浄瑠璃]

にくづき 月

肘 ひじ
カタヒジを張る。
ヒジマクラをする。
[肩肘] [肘枕]

股 コ　また
オオマタで歩く。
土俵で**シコ**を踏む。
[大股] [四股]

脇 わき
ワキメも振らず働く。
ワキミチにそれる。
[脇目] [脇道]

腫 シュ　は(らす)　は(れる)
シュヨウを切除する。
[腫瘍]

四字熟語 玩物喪志(がんぶつそうし)… 無用なものに傾倒し正しい心を見失うこと。

部首　漢字　読み

にくづき　月

腺　セン

ルイセンを刺激する。［涙腺］

膝　ひざ

ヒザヅめ談判する。［膝詰］

ヒザガシラを擦る。［膝頭］

膳　ゼン

客室に**ハイゼン**する。［配膳］

臆　オク

オクメンもなく言う。［臆面］

オクセツが飛び交う。［臆説］

にく　肉

脊　セキ

セキツイを痛める。［脊椎］

セキズイを損傷する。［脊髄］

腎　ジン

ジンゾウを患う。［腎臓］

基本が**カンジン**だ。［肝腎］

しんにょう・しんにゅう　辶

遡　ソ 高　さかのぼ(る)

文化を**ソゲン**する。［遡源］

川を**ソジョウ**する。［遡上］

遜　ソン

ケンソンして語る。［謙遜］

ソンショクがない。［遜色］

たま　玉

璧　ヘキ

カンペキを期する。［完璧］

文学界の**ソウヘキ**。［双璧］

かわら　瓦

瓦　ガ 高　かわら

陶犬**ガ**鶏の代物。［瓦］

体制が**ガカイ**する。［瓦解］

た　田

畏　イ　おそ(れる)

父に**イフ**の念を抱く。［畏怖］

イケイの念を抱く。［畏敬］

畿　キ

キンキ地方の郷土料理。［近畿］

やまいだれ　疒

痕　コン　あと

コンセキをとどめる。［痕跡］

台風の**ツメアト**。［爪痕］

痩　ソウ 高　や(せる)

ソウシンの紳士。［痩身］

瘍　ヨウ

胃**カイヨウ**ができる。［潰瘍］

シュヨウを切除する。［腫瘍］

め　目

眉　ビ 高　ミ　まゆ

ビ目秀麗の青年。［眉］

ショウビの問題。［焦眉］

四字熟語　眉目秀麗（びもくしゅうれい）…顔立ちが美しく整っていること。

めへん 目

睦

ボク

シンボクを深める。［親睦］

ワボクを申し入れる。［和睦］

瞳

ドウ　ひとみ

ドウコウが開く。［瞳孔］

瞭

リョウ

簡単明**リョウ**に話す。［瞭］

一目**リョウ**然の結果。［瞭］

のぎへん 禾

稽

ケイ

荒唐無**ケイ**な主張。［稽］

コッケイな仕草。［滑稽］

あなかんむり 穴

窟

クツ

盗賊の**ソウクツ**。［巣窟］

ドウクツを探検する。［洞窟］

あみがしら・あみめ・よこめ 罒

罵

バ　ののし(る)

政敵を**バトウ**する。［罵倒］

バセイを浴びせる。［罵声］

ころもへん 衤

袖

シュウ 高　そで

派閥の**リョウシュウ**。［領袖］

ソデグチが綻びる。［袖口］

裾

すそ

スソノを広げる。［裾野］

たけかんむり ⺮

箋

セン

ビンセンに書く。［便箋］

医師の**ショホウセン**。［処方箋］

箸

はし

漆塗りの**ハシ**。［箸］

籠

ロウ 高　かご　こ(もる)

ロウジョウ戦に入る。［籠城］

甘言で**ロウラク**する。［籠絡］

いとへん 糸

綻

タン　ほころ(びる)

財政が**ハタン**する。［破綻］

いとへん 糸

緻

チ

チミツに計画する。［緻密］

サイチを極める。［細緻］

ひつじ 羊

羞

シュウ

シュウチシンを抱く。［羞恥心］

ガンシュウの笑み。［含羞］

羨

セン 高　うらや(ましい)　うらや(む)

センボウの的となる。［羨望］

うす 臼

臼

キュウ　うす

肩を**ダッキュウ**する。［脱臼］

イシウスで粉をひく。［石臼］

四字熟語　破綻百出(はたんひゃくしゅつ)…言動に難があり綻びが次々に現れること。

部首 / 漢字 / 読み

ふねへん 舟

舷 ゲン

船が**ウゲン**に傾く。 ［右舷］

いろ 色

艶 エン 高 / つや

ツヤケしガラス。 ［艶消］

エンゼンとほほ笑む。 ［艶然］

とらがしら・とらかんむり 虍

虎 コ / とら

羊質**コ**皮の電化製品。 ［虎］

苛政猛**コ**の悪政。 ［虎］

むし 虫

蜜 ミツ

ハチミツを採取する。 ［蜂蜜］

むしへん 虫

虹 にじ

空に**ニジ**が架かる。 ［虹］

蜂 ホウ / はち

ヨウホウ業を営む。 ［養蜂］

ごんべん 言

訃 フ

師の**フホウ**に接する。 ［訃報］

詣 ケイ 高 / もう(でる)

ゾウケイが深い。 ［造詣］

神社に**サンケイ**する。 ［参詣］

詮 セン

厳しく**センギ**する。 ［詮議］

ショセンかなわぬ夢。 ［所詮］

誰 だれ

部屋に**ダレ**もいない。 ［誰］

諧 カイ

ハイカイを愛好する。 ［俳諧］

諦 テイ / あきら(める)

熱願冷**テイ**の精神。 ［諦］

謎 なぞ

ナゾに満ちている。 ［謎］

むじなへん 豸

貌 ボウ

美しい**ヨウボウ**。 ［容貌］

ビボウに恵まれる。 ［美貌］

かい・こがい 貝

貪 ドン / むさぼ(る)

ドンヨクに学ぶ。 ［貪欲］

かいへん 貝

貼 チョウ / は(る)

付箋を書類に**ハ**る。 ［貼］

四字熟語 羊質虎皮（ようしつこひ）…外見は立派だが、中身が伴わないこと。

部首 漢字 読み

貝 かいへん

賂 ロ
ワイロを受け取る。［賄賂］

賭 ト 高 か(ける)
トバクで散財する。［賭博］

足 あしへん

踪 ソウ
要人が**シッソウ**する。［失踪］

蹴 シュウ け(る)
敵を**イッシュウ**する。［一蹴］
周囲の敵を**ケチ**らす。［蹴散］

辛 からい

辣 ラツ
シンラツを極める。［辛辣］
ラツワンを振るう。［辣腕］

酉 とりへん

酎 チュウ
ショウチュウを注ぐ。［焼酎］

醒 セイ
夜中に**カクセイ**する。［覚醒］

釆 のごめ

采 サイ
戦で**サイハイ**を振る。［采配］
立派な**フウサイ**。［風采］

麦 ばくにょう

麺 メン
カンメンをゆでる。［乾麺］
メンルイを調理する。［麺類］

金 かね

釜 かま
アトガマに座る。［後釜］

金 かねへん

錦 キン にしき
キン上添花の趣。［錦］
キンシュウの候。［錦秋］

錮 コ
キンコ三年の刑。［禁錮］

鍵 ケン かぎ
ケンバンをたたく。［鍵盤］
カギアナに差し込む。［鍵穴］

鍋 なべ
ドナベで肉を煮込む。［土鍋］

鎌 かま
カマクビをもたげる。［鎌首］

門 もんがまえ

闇 やみ
ヨイヤミが迫る。［宵闇］
クラヤミに紛れる。［暗闇］

四字熟語 錦上添花(きんじょうてんか)…良いものの上に良いものを重ねること。

部首　漢字　読み

飠　しょくへん

餌　ジ 高　え　えさ

コウジに釣られる。［好餌］

獣の**エジキ**になる。［餌食］

餅　ヘイ　もち

クズモチを食べる。［葛餅］

地元名産の**センベイ**。［煎餅］

頁　おおがい

頃　ころ

ヒゴロの行いが良い。［日頃］

コロアいを見る。［頃合］

須　ス

ヒッス科目を修める。［必須］

キュウスに湯を注ぐ。［急須］

頓　トン

トンプク薬を飲む。［頓服］

机上を**セイトン**する。［整頓］

頬　ほお

ホオを緩める。［頬］

顎　ガク　あご

部下を**アゴ**で使う。［顎］

馬　うまへん

駒　こま

ひょうたんから**コマ**。［駒］

骨　ほねへん

骸　ガイ

ケイガイ化する。［形骸］

沈没船の**ザンガイ**。［残骸］

鬯　ちょう

鬱　ウツ

ウックツした思い。［鬱屈］

ユウウツな気持ち。［憂鬱］

韋　なめしがわ

韓　カン

カンコク語を学ぶ。［韓国］

鳥　とり

鶴　つる

掃きだめに**ツル**。［鶴］

亀　かめ

亀　キ　かめ

キレツが生じる。［亀裂］

盲**キ**浮木のたとえ。［亀］

四字熟語　抑揚頓挫（よくようとんざ）…盛んな勢いが途中でくじけること。

著者

岡野秀夫　おかの ひでお

システムコンサルタント。中央省庁のWEBサイト、都市銀行のインターネットバンキング、携帯電話会社の基幹システム、大手文具通信販売サイトなど数多くのシステム開発プロジェクトに参画する一方、最新の教育理論を取り入れ効率的な記憶学習を実現したe-learning（パソコン上での学習）システムを独自に開発。漢字検定のほか英語検定、運転免許学科試験、宅建、行政書士など各種資格試験の学習コンテンツを無料公開し、多くの個人・法人から支持されている。

〈著書〉

『5時間で合格！漢検準2級［超頻出］ドリル　改訂版』『同3級』『7日でできる！英検®2級［頻出度順］合格ドリル』『同準2級』『同3級』『同4級』『英検®でる単　2級』『同準2級』『同3級』『同4級』『同5級』（高橋書店）

【漢字検定・漢検WEB練習問題集】　URL　http://www.kanjihakase.com/

※字体や部首の採点は、日本漢字能力検定協会発行の『漢検　漢字辞典』『漢検要覧　2～10級対応』に示すものを正解とする漢検の基準に従っています。

受検をお考えの方は、必ずご自身で公益財団法人 日本漢字能力検定協会の発表する最新情報をご確認ください。
ホームページ：https://www.kanken.or.jp/kanken/
【試験に関する問い合わせ】
・ホームページ（問い合わせフォーム）：**https://www.kanken.or.jp/kanken/contact/**
・電話：**0120-509-315**

5時間で合格！

漢検2級［超頻出］ドリル　改訂版

著　者　岡野秀夫
発行者　高橋秀雄
編集者　根本真由美
発行所　**株式会社 高橋書店**
〒170-6014 東京都豊島区東池袋3-1-1 サンシャイン60 14階
電話　03-5957-7103

ISBN978-4-471-27561-7　©TAKAHASHI SHOTEN　Printed in Japan

本書の内容についてのご質問は「書名、質問事項（ページ、内容）、お客様のご連絡先」を明記のうえ、郵送、FAX、ホームページお問い合わせフォームから小社へお送りください。
回答にはお時間をいただく場合がございます。また、電話によるお問い合わせ、本書の内容を超えたご質問にはお答えできませんので、ご了承ください。本書に関する正誤等の情報は、小社ホームページもご参照ください。

【内容についての問い合わせ先】
書　面　〒170-6014 東京都豊島区東池袋3-1-1 サンシャイン60 14階　高橋書店編集部
ＦＡＸ　03-5957-7079
メール　小社ホームページお問い合わせフォームから　（https://www.takahashishoten.co.jp/）

【不良品についての問い合わせ先】
ページの順序間違い・抜けなど物理的欠陥がございましたら、電話03-5957-7076へお問い合わせください。
ただし、古書店等で購入・入手された商品の交換には一切応じられません。